AF389114

# JEU

## DES PETITS VOYAGEURS

### AUX CINQ PARTIES DU MONDE.

—

## SECONDE PARTIE.

PARIS. — IMPRIMERIE ET FONDERIE DE G. DOYEN
RUE SAINT-JACQUES, n. 39.

# JEU

## DES

# PETITS VOYAGEURS

### AUX CINQ PARTIES DU MONDE,

ou

### ENSEIGNEMENT MUTUEL DE GÉOGRAPHIE

#### DESCRIPTIVE ET HISTORIQUE.

### Par M<sup>me</sup> Ginot Des-Rois.

*Giocando insegna.*
Instruire en amusant.

# PARIS,

## CHEZ MM. D'AUTY ET DESMAISONS,

PALAIS-ROYAL, GALERIE DE NEMOURS;

A. GIROUX, rue du Coq-Saint-Honoré ;
BACHELIER, quai des Augustins. n. 55.

## 1828.

# JEU

## DES PETITS VOYAGEURS

### AUX CINQ PARTIES DU MONDE.

---

## SECONDE PARTIE.

—

LA GOUVERNANTE OU LE RÉPÉTITEUR.

Mes amis, nous sommes sur le point de descendre en Afrique. Cette vaste presqu'île a environ 1700 lieues de long sur 1600 de large, et ne tient au Continent que par l'isthme de Suez. Son intérieur, rempli de sables brûlants et de bêtes féroces, est peu connu ; mais nous visiterons avec intérêt ses côtes, où la végétation montre une vigueur extraordinaire, et les différents royaumes qui les occupent.

Avant de pénétrer dans chacun de ces royau-

1.

mes, il devient essentiel de vous donner quelques notions sur le naturel, le caractère, et la civilisation de leurs habitants, d'après l'opinion des voyageurs les plus célèbres, afin de ne pas en surcharger la partie historique et votre jeune mémoire, lorsque nous les visiterons.

Les Africains en général sont robustes, grossiers et farouches ; ils n'ont presque aucune connaissance des sciences ni des arts. La plupart n'ont point d'armes à feu. Ils sont naturellement timides, et ne savent point faire la guerre, excepté ceux que le voisinage de l'Europe a aguerris, et quelques nègres de Guinée. Les Arabes qui se sont établis en Afrique sont adroits et braves. Il y en a de polis, qui ne manquent ni d'esprit ni de jugement; mais la plupart sont cruels, traîtres et trompeurs.

La plupart des peuples de l'Afrique sont noirs, les autres sont fort basanés.

Du reste, pour ne pas fatiguer votre attention, nous suivrons la même marche que précédemment; et vous nous ferez connaître la situation de l'Afrique, ses golfes, caps, îles, presqu'îles, etc.

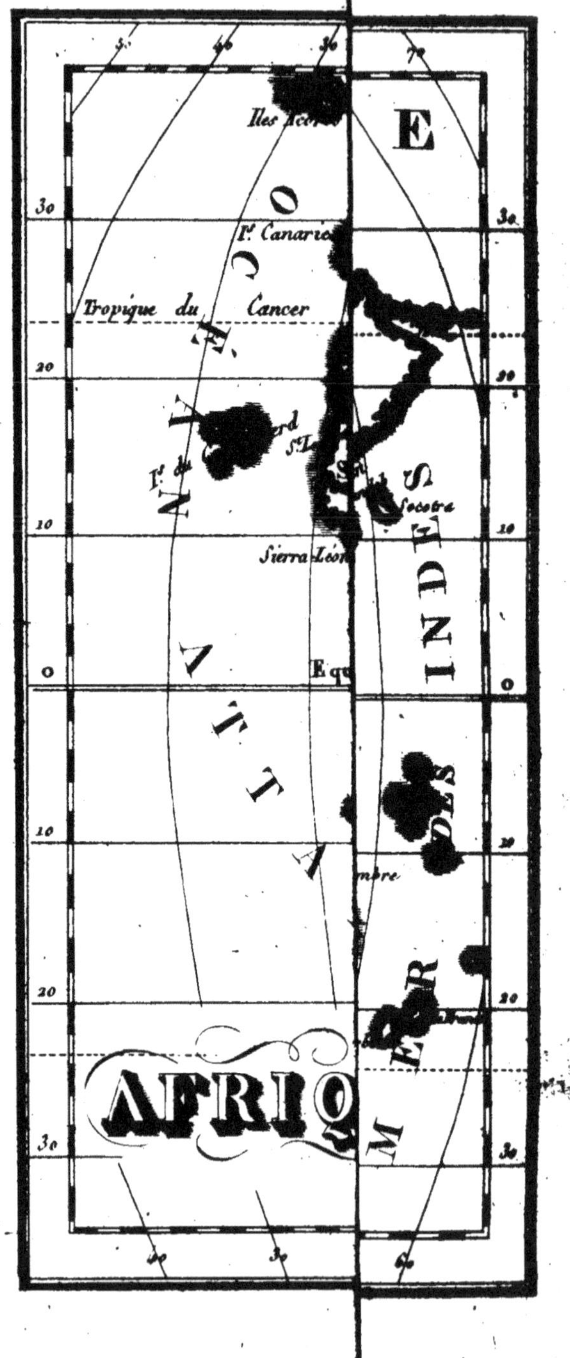

E
OCCIDENTALE
Iles Acores
I. Canaries
Tropique du Cancer
I. du Cap Verd
S.L
Socotra
Sierra Léone
Equateur
INDES
MER
AFRIQUE
30
30
20
20
10
10
0
0
10
10
20
20
30
30

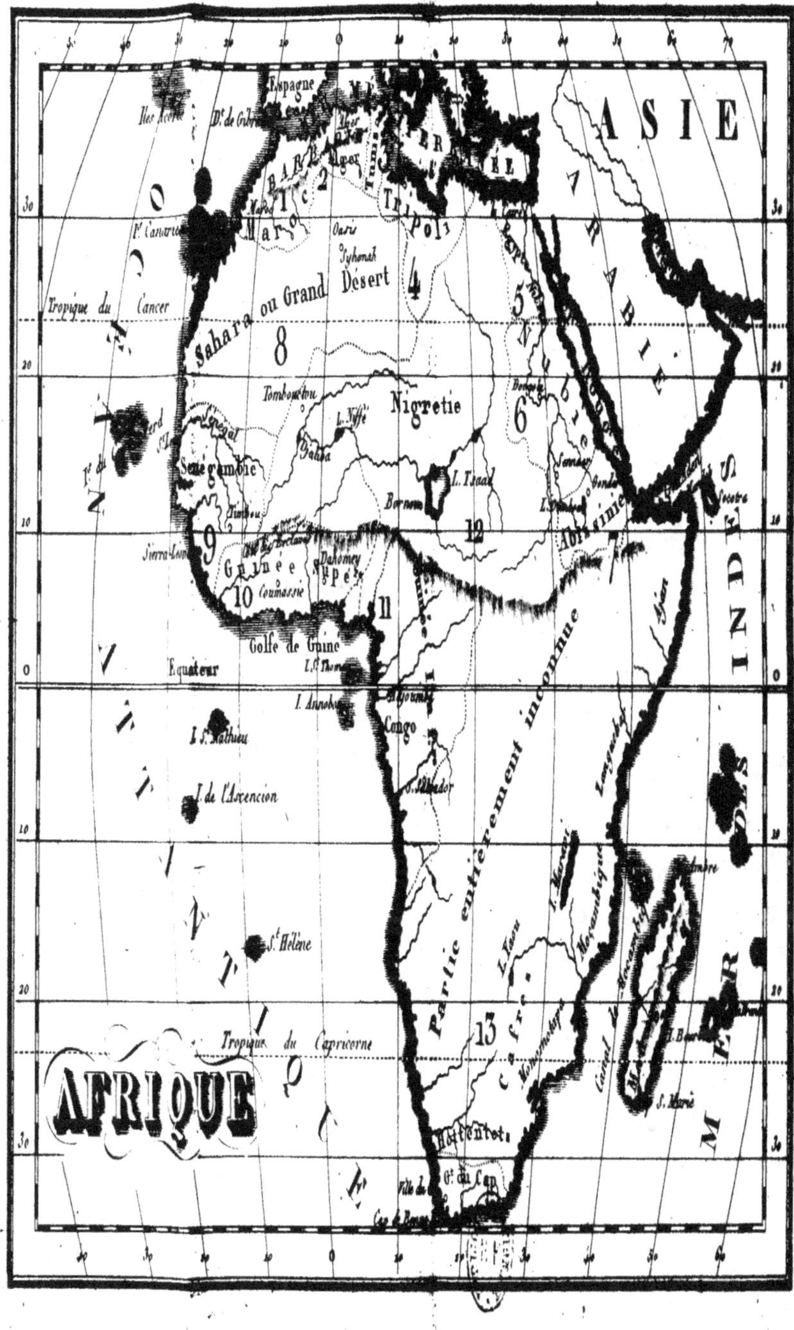

ASIE
Espagne
D.t de Gibraltar
Iles Açores
Ht Canaries
BARBARIE
Maroc
Maroc
Alger
Tunis
Tripoli
Tripoli
Oasis
Tyhonah
Désert
Sahara ou Grand Désert
Tropique du Cancer
Nigretie
Tombouctou
L. Niffé
Baliza
Bornou
L. Tsaal
Senegambie
Senegal
Sierra-Leone
Guinée Supre
Dahomey
Coumassie
Timbou
Golfe de Guine
I. St Thomé
Equateur
I. Annobon
I. St Mathieu
Congo
I. St Salvador
J. de l'Ascencion
Nubie
ARABIE
Mer Rouge
Abissinie
Ajan
Socotre
Darfour
Sennar
Benguela
Sofala
INDES
Ste Hélène
Partie entièrement inconnue
Cafres
L. Zara
Monoemugi
Mozambique
Canal de Mozambique
Madagascar
J. Bourbon
Ste Marie
MER DES INDES
Tropique du Capricorne
Hottentots
Ville du Gd du Cap
Cap de Bonne Espce
AFRIQUE

# TROISIÈME VOYAGE.

———

## AFRIQUE.



N° 1. Dites-moi quelle est la situation de l'Afrique? — L'Afrique est située entre le 73ᵉ degré de lat. N. et le 34ᵉ degré de lat. S. , et entre le 19ᵉ degré de longit. O. et le 50ᵉ degré de longit. E. Elle est bornée au N. par la Méditerranée; à l'O. et au S.-O., par l'océan Atlantique; au S.-E., par l'océan Indien; et à l'E. , par la mer Rouge et l'isthme de Suez.

N° 2. Quels sont les principaux golfes de l'Afrique? — Ce sont ceux de Tunis, de Gabes et de la Sidre, sur la côte septentrionale de la Barbarie; ceux de Guinée et de Biafra, sur la côte de Guinée; la baie de Lorenzo et de Margas, sur la côte du Monomotapa.

Nº 3. Quels sont les principaux détroits de l'Afrique? — Ce sont ceux de Gibraltar et de Babel-Mandel, et le canal de Mosambique, entre la côte de ce nom et le Monomotapa.

Nº 4. Quels sont les principaux lacs? — Ce sont le lac Dembea, en Abyssinie; les lacs du Soudan, Djaliba, le Niffé, et le lac Tsad, dans la Nigritie; celui-ci forme une sorte de mer intérieure; le Yaou et le lac Maravi, sont dans la Cafrerie.

Nº 5. Quels sont les principaux caps? — Les principaux caps d'Afrique sont : le cap Bon, qui est le point le plus septentrional de l'Afrique; le cap Vert, qui est le point le plus occidental; et le cap de Bonne-Espérance et celui des Aiguilles, au S.

Nº 6. Quelles sont les principales chaînes de montagnes de l'Afrique? — Ce sont le mont Atlas, qui sépare la Barbarie propre du Bilédulgérid; les montagnes de Siera-Léone, qui séparent la Guinée et la Nigritie; et les monts de la Lune, au S.-O. de l'Abyssinie, où se trouvent les monts

Lupata, ou l'Épine du monde, à l'O. des états qui bordent la côte orientale.

N° 7. Quels sont les principaux fleuves de l'Afrique ? — Ce sont le Nil, qui traverse l'Abyssinie, la Nubie, et l'Égypte, et se jette dans la Méditerranée ; le Sénégal et la Gambie, qui arrosent la Sénégambie à l'E. et à l'O., et se jettent dans l'Océan ; le Niger, qui parcourt une partie de la Nigritie, passe devant Tombouctou, fait encore un grand circuit, et se jette dans le golfe de Benin ; le Couauza ou Zaïre, qui parcourt le Congo et se jette dans l'océan Atlantique ; enfin le Zambezé, qui entoure le Monomotapa et se jette dans le canal de Mozambique.

N° 8. Quels sont les principaux déserts de l'Afrique ? — L'Afrique a des déserts immenses : les plus considérables sont ceux de Barca et de Sahara, qui s'étendent depuis l'océan Atlantique jusqu'aux frontières de l'Égypte. Au milieu de ces vastes déserts se trouvent des *oasis*, espèce d'îles qui sont l'espoir des caravanes qui se hasardent à voyager dans le désert.

N° 9. Quelles sont les principales îles de l'Afrique? — Il y en a trente-sept dans l'océan Atlantique, quatre dans l'océan Indien et une dans l'Océan.

*Océan Atlantique?* — 1° Les Açores, au nombre de huit; la principale, Tercer; capitale, Angra. Leur climat est sain; elles abondent en fruits, légumes, grains de toutes espèces, et appartiennent aux Portugais.

2° Madère, au S.-E. des Açores. Cette île est renommée pour son vin. Les Anglais s'en sont emparés en 1807. Sa capitale est Funchal.

3° Les Canaries, au nombre de huit, dont les principales sont : Ténériffe, renfermant une montagne volcanique, la plus haute du globe, capitale, Laguna ; Palma, et Fer, où passait le premier méridien.

4° Les îles du cap Vert, au N.-O. du cap de ce nom, au nombre de vingt, la plupart pierreuses, et dont la principale est Saint-Iago ; les autres îles sont, Saint-Thomas, aux Portugais; l'Ascension, où l'on trouve de belles tortues ; Sainte-Hélène, aux Anglais, entourée de rochers escarpés ; capitale, James-Town. Les îles Tristan, d'Acunha, aux Anglais, sont peu connues.

N° 10. Quelles sont les principales îles de l'Afrique dans l'océan Indien ?

*Océan Indien ?* — 1° Madagascar, séparée de l'Afrique par le canal de Mosambique ; elle forme plusieurs états peu connus et indépendants des Européens.

2° Bourbon, à l'E. de Madagascar, qui produit du café estimé, des cannes à sucre et autres denrées. Sa capitale est Saint-Denis ; elle appartient à la France.

3° L'Ile-de-France, au N.-E. de Bourbon, est fertile en sucre, indigo, muscade, etc. Elle appartient maintenant aux Anglais. Sa capitale est Port-Louis.

4° A l'E. se trouve l'île Rodrigue, et d'autres peu considérables.

*Océan ?* — L'île de Sainte-Hélène, entre le cap de Bonne-Espérance et les îles du cap Vert, au 16e degré de latitude australe : elle fut découverte par les Portugais, qui, l'ayant bien fournie d'animaux domestiques et de fruits, la destinèrent pour rafraîchir indistinctement les équipages des vaisseaux européens : ce fut probablement à cette époque qu'elle fut surnommée *l'Hôtellerie des marins;* mais les Anglais s'en sont emparés depuis, et y ont bâti un fort au seul lieu de la côte qui soit abordable. Cette île, qui a environ sept lieues de tour, renferme de hautes montagnes entrecoupées de plusieurs vallées, dont la principale se nomme Vallée de la Chapelle. La petite ville voisine du port, que les colons anglais y ont bâtie, se nomme James-Town.

Le climat de Sainte-Hélène est très malsain, malgré que le contraire ait été avancé par quelques auteurs.

En 1815 l'ex-empereur Napoléon y fut conduit comme prisonnier par les Anglais, sous le pavillon desquels il était allé chercher asile et protection ! Il y est décédé en mai 1821.

N° 11. Quelles sont les religions de l'Afrique ? — Les Africains sont idolâtres ou mahométans. On trouve cependant en Afrique des chrétiens, et des juifs.

N° 12. En combien de parties divise-t-on l'A-

frique ? — En treize contrées principales , savoir :
au N. , la côte de Barbarie ; au N.-E. , l'Égypte
à l'E. , la Nubie et l'Abyssinie ; au centre , le grand
désert de Sahara, qui s'étend de l'O. à l'E. ; la Sénégambie, la Guinée-Supérieure, le Congo, la
Nigritie ; au S. , la Cafrerie et le gouvernement du
Cap avec les Hottentots et le Monomotapa , et sur
les côtes de Mozambique , les états de Zanguebar
et d'Ajan.

---

# DE LA BARBARIE.

### LA GOUVERNANTE OU LE RÉPÉTITEUR.

Nº 61. Quels sont la situation , la division , et le
climat de la Barbarie en général ?

*Situation ?* — La Barbarie est bornée au N. par
l'Océan , au S. par le désert de Sahara , et à l'E.
par l'Égypte.

Cette partie de l'Afrique portait autrefois le
nom de Mauritanie , d'Afrique propre , et de Numidie ; ces noms étaient relatifs aux différents
peuples qui l'habitaient.

2

*Division ?* — On la divise 1° en Barbarie, au N. ; 2° en Bilédulgérid, au S.

La Barbarie du nord renferme quatre états, savoir : 1° l'empire de Maroc, qui comprend le royaume de Fez et les royaumes d'Alger, de Tunis, et de Tripoli. On divise les habitants de la Barbarie en deux classes, les Berbers ou montagnards et les Arabes civilisés.

*Climat ?* — Le voisinage du mont Atlas toujours couvert de neige et les brises de la mer procurent à ce pays un climat tempéré.

## EMPIRE DE MAROC.

LA GOUVERNANTE OU LE RÉPÉTITEUR.

N° 1. Quels sont les productions, les objets remarquables, et l'histoire de l'empire de Maroc ?

*Productions ?* — Cet état est très fertile en grain, fruit, huile ; on y trouve des mines d'or et d'argent ; il s'y fait un grand commerce de maroquins.

*Objets remarquables ?* — Rien de bien digne de fixer l'attention.

1.

49.

Homme de l'Empire de Maroc.

Homme et femme Barbaresques d'Alger.

*Histoire ?* — L'empire de Maroc a remplacé l'ancienne Mauritanie : il a appartenu successivement aux Carthaginois, aux Romains, et, au v$^e$ siècle, aux Vandales, ensuite aux empereurs d'Orient. Les Arabes en firent la conquête au vii$^e$ siècle, et au xv$^e$ un descendant de Mahomet y établit son autorité ; sa postérité règne encore aujourd'hui sur ce pays. Le gouvernement est despotique ; les souverains exercent souvent la justice eux-mêmes, et mettent de l'amour-propre à remplir avec adresse les fonctions de bourreaux.

## RÉGENCE D'ALGER.

### LA GOUVERNANTE OU LE RÉPÉTITEUR.

N° 2. Quels sont les productions, les objets remarquables, et l'histoire de ce pays ?

*Productions ?* — A peu près les mêmes que dans l'empire de Maroc.

*Objets remarquables ?* — On voit à Bonne ( ancienne Hippone ), ville des états d'Alger, les restes du célèbre monastère où saint Augustin vécut d'une manière si édifiante.

Nous observerons ici que les Algériens, que nous sommes dans l'habitude de considérer comme des barbares, témoignent beaucoup d'humanité et d'égards aux malheureux privés de raison ; ils en ont un soin particulier, et les croient privilégiés par Dieu même, suivant ce précepte de l'Alcoran, emprunté à l'Évangile : « Bienheureux les « pauvres d'esprit. »

*Histoire ?* — **La république d'Alger remplace** l'ancienne Numidie, et formait, du temps de César, le royaume de Mauritanie. Ses souverains les plus connus furent Syphax, Massinissa, Jugurtha, et Juba, père de Ptolémée, qui bâtit la ville d'Alger. Cet état a suivi le sort de la Barbarie ; il forme aujourd'hui une république sous un Dey électif et despote dont le pouvoir est balancé par celui du Divan. Les habitants de cette république, ainsi que ceux des états Barbaresques, se font redouter des nations européennes, qui ne peuvent le plus souvent se garantir de leur piraterie qu'en leur payant une sorte de tribut ; au reste, l'usage où ils sont d'inquiéter les navigateurs de ces parages est fort ancien, puisque nous voyons dans la fable que

*Femme de Tripoli.*

Hercule, vainqueur du géant Antée, purgea les côtes maritimes de l'Afrique des pirates qui interceptaient le commerce.

## RÉGENCE DE TRIPOLI.

### LA GOUVERNANTE OU LE RÉPÉTITEUR.

N° 4. Quels sont les productions, les objets remarquables, et l'histoire de ce pays?

*Productions?*—La végétation abonde en grains, vins, fruits, animaux domestiques et féroces.

*Objets remarquables?* — Au midi du désert de Barca (ancienne Libye extérieure), on trouve, à Oum-Mibida, les ruines et le nom du temple de Jupiter-Ammon, célèbre dans l'histoire, même du temps d'Alexandre. **Vous** vous rappelez sans doute d'avoir lu que ce prince, au retour de ses victoires, se fit déclarer fils de ce Dieu.

*Histoire?* — **Les** états formant le royaume de Tripoli appartinrent, comme les précédents, à différents vainqueurs que nous avons déja nommés; nous observerons cependant que loin d'être dégradé, ce pays vit fleurir les arts et le commerce

2.

sous le gouvernement de Genséric, roi des Vandales. Un siècle après le règne de ce prince, l'empereur Justinien s'empara de la Barbarie par Bélisaire, l'un de ses généraux ; on dit que plus tard il lui ravit la lumière. Triste preuve de la reconnaissance des grands ! Ce pays, de nouveau soumis par les Turcs, est gouverné par un Dey et un conseil dépendant du grand-seigneur.

## RÉGENCE DE TUNIS.

### LA GOUVERNANTE OU LE RÉPÉTITEUR.

N° 3. Quels sont les productions, les objets remarquables, et l'histoire de ce pays ?

*Productions ?* — Comme dans les états précédents.

*Objets remarquables ?* — Près de Tunis sont les ruines de la fameuse Carthage, fondée par Didon ; non loin de cette ville est Utique, qui a donné son nom à Caton le philosophe.

*Histoire ?* — Vous avez entendu parler du haut degré de puissance où les Carthaginois parvinrent par leur commerce et leur industrie. Ce peuple

3

51.

Dame de Tunis.

étendit ses conquêtes et son autorité sur presque toute l'Afrique septentrionale, sur la Corse, la Sardaigne, une partie de la Sicile, et sur l'Espagne, où Asdrubal, père d'Annibal, fonda Carthagène qui subsiste encore aujourd'hui. Carthage, rivale de Rome, excita son envie, ce qui donna lieu à trois guerres, connues chez les Romains sous le nom de guerres puniques. Le grand Scipion eut la gloire de les terminer par la défaite d'Annibal ; depuis, ce pays devint province romaine et subit les divers envahissements des peuples déjà cités : il est maintenant gouverné par un chef qui prend le titre de Bey.

---

# BILÉDULGÉRID.

### LA GOUVERNANTE OU LE RÉPÉTITEUR.

N° 6o. Quels sont la situation et le climat du Bilédulgérid ; et quelles sont ses productions, ses divisions, et ses principales villes ?

*Situation ?* — Le Bilédulgérid (ancienne Gétulie et ancienne Libye) est au midi du mont Atlas et de l'empire de Maroc ; il s'étend sur une lisière étroite , entre les montagnes et le désert.

*Division ?* — On divise ce pays en huit parties dont les principales villes sont : Sus , ville riche et grande, Taffilet, Sedjelmassa, et Mourzouk, où se réunissent les caravanes qui viennent du Caire.

*Climat ?* — Le climat y est plus sec que dans la Barbarie propre ; quelques endroits sont sujets à manquer d'eau.

*Productions ?* — On y trouve des grains et des dattes excellentes , d'où ce pays tire son nom qui veut dire en arabe pays des dattes ; on y rencontre aussi des chameaux , des dromadaires , des scorpions , et de grosses sauterelles.

*Histoire ?* — Les Berbers, originaires de ces contrées , restent encore à demi sauvages au milieu de leurs montagnes : on les dit voleurs et hospitaliers. Les Arabes, descendants des conquérants de la Barbarie , habitent les villes et y cultivent les arts et le commerce.

*Ali, Pacha d'Egypte.*

# ÉGYPTE.

LA GOUVERNANTE OU LE RÉPÉTITEUR.

N° 5. Quels sont la situation, la division, la capitale, et le climat de l'Égypte?

*Situation?* — L'Égypte est bornée au N. par la Méditerranée; à l'O., par les déserts de Barca et de Libye; au S., par la Nubie; à l'E., par la mer Rouge et l'isthme de Suez.

*Division?* — L'Égypte forme une grande vallée qu'on divise en trois parties, savoir : la Haute-Égypte, nommée aussi Saïde (ancienne Thébaïde), ville principale, Girgé; la Moyenne, au centre, ville principale, le Caire; et la Basse, où se trouve Alexandrie, à l'embouchure du Nil.

*Capitale?* — Alexandrie, capitale de toute l'É-gypte; cette ville fut fondée par Alexandre.

*Climat?* — Il ne pleut jamais en Égypte; le printemps y règne de décembre à février; et de mars à novembre l'été est très chaud.

N° 12. Quels sont les productions, les objets remarquables, et l'histoire de l'Égypte?

*Productions ?* — On trouve en Égypte toutes les productions des climats tempérés , jointes à celles des tropiques , et différents animaux tels que de beaux chevaux, des buffles, des gazelles, l'hyenne, l'aigle , l'autruche , et le crocodile , anciennes divinités de ces contrées.

Ce pays est fertilisé par les inondations du Nil qui arrivent tous les ans à l'époque des solstices d'été , et qui sont causées par les pluies qui tombent en abondance à cette époque entre les deux tropiques ; mais si le débordement du Nil est au-dessus de vingt-quatre pieds , ou au-dessous de huit , le pays est sans récolte.

*Objets remarquables ?* — On admire dans la partie moyenne de l'Égypte des pyramides imposantes ; la plus haute a quatre cent quatre-vingts pieds d'élévation , et renferme à sa base une salle spacieuse où se trouve un tombeau de marbre blanc et des caveaux fort étendus, qui contiennent des momies ou corps embaumés. On voit dans la Haute-Égypte un labyrinthe encore plus étonnant; c'est un assemblage de plusieurs palais creusés sous terre, dans un rocher de marbre, et dont la distribution forme un grand nombre de sinuosités d'où lui vient son nom.

Alexandrie possède encore la fameuse colonne de Pompée, de quatre-vingt huit pieds de haut, et deux obélisques attribués à Cléopâtre.

*Histoire ?* — L'Égypte fut d'abord gouvernée par des rois pasteurs auxquels succédèrent les Arabes du nord. Ce fut sous un prince de leur race que Jacob vint en Égypte avec ses fils ; c'est encore bien loin de leurs descendants que commença, en 2418, la captivité des Juifs, dont Moïse les délivra 95 ans après. Les Éthiopiens, les Babyloniens, et les Perses s'emparèrent tour à tour du pays qui, lors des conquêtes d'Alexandre, tomba avec la Perse au pouvoir de ce prince. A sa mort, ses états ayant été partagés entre ses généraux, l'Égypte échut en partage à Ptolémée, dont la postérité régna trois cents ans sur ce pays, où elle fit fleurir les arts et les sciences et notamment l'astronomie. Trente ans avant Jésus-Christ, Jules-César en fit la conquête. Plus tard, Octave son neveu, ayant vaincu Antoine et Cléopâtre, reine de cette contrée, asservit tout-à-fait ce pays au pouvoir des

Romains ; au VIIe siècle , il passa au pouvoir des Arabes , sous Omar , successeur de Mahomet ; au XIIIe, il fut gouverné par le fameux Saladin qui reprit la Palestine sur les croisés. Ce prince établit le corps militaire des mamelouks qui , plus tard , éleva l'un de ses officiers au gouvernement : depuis cette époque le trône devint électif , jusqu'à Sélim , empereur des Turcs , qui le réunit à son empire. Les Français se sont rendus maîtres d'une grande partie de l'Égypte , en 1798 , et la bataille d'Aboukir a rendu leur nom à jamais célèbre dans ces contrées. Néanmoins ce pays est rentré , en 1801 , sous la domination des Turcs : il est gouverné par Mehmet, pacha dont le caractère est déja gravé dans l'histoire par le cruel massacre du redoutable corps des janissaires.

Afrique.
6.
54.
Nubien.

# NUBIE.



N° 6. Quels sont la situation, la division, le climat, et la capitale de la Nubie; et quels sont les productions, les objets remarquables et l'histoire de ce pays ?

*Situation ?* — La Nubie est bornée, au N., par l'Égypte; à l'O., par le Sahara et la Nigritie; au S., par l'Abyssinie; et à l'E., par la mer Rouge.

*Division ?* — On divise la Nubie en trois parties, 1° La Nubie Turque, habitée par des tribus nomades, presque indépendantes, quoique censées sous le pouvoir du pacha d'Égypte; 2° le royaume de Dongola, capitale de même nom; 3° le royaume de Sennaar au S.

*Climat ?* — Le climat de la Nubie est très chaud; l'air y est malsain pendant la saison des pluies.

*Capitale ?* — Sennaar, capitale du royaume de même nom, l'est aussi de toute la Nubie. Cette ville est située près du Nil. Elle fait un grand commerce.

*Productions ?* — La Nubie produit du grain, des cannes à sucre, du bois de sandal, du tabac, du tamarin, de l'ivoire, de la poudre d'or, des plumes d'autruche, des civettes, et beaucoup d'animaux féroces.

*Objets remarquables ?* — Les Nubiens sont très basanés, vont presque nus, et leurs maisons, construites de boue, sont couvertes en roseaux.

*Histoire ?* — La Nubie est un pays peu connu, et nous n'avons pas de fort grands détails sur son histoire ; on sait qu'il est gouverné par un roi puissant, qui a conquis et joint à son royaume celui de Sennaar, dont le roi était tributaire de l'empereur d'Abyssinie. Ce peuple, courageux et subtil, trafique avec les Égyptiens. La religion des Nubiens est un mélange de judaïsme et de cérémonies chrétiennes et musulmanes.

*Seigneur de la cour et Page du Négus, Abyssinie.*

# ABYSSINIE.

LA GOUVERNANTE OU LE RÉPÉTITEUR.

N° 7. Quels sont la situation, la division, le climat, et la capitale de l'Abyssinie; et quels sont les productions, les objets remarquables, et l'histoire de cette contrée?

*Situation ?* — L'Abyssinie est située au S. de la Nubie; elle est bornée, à l'O. et au S., par la Nigritie; à l'E., par la côte d'Ajan et la mer Rouge.

*Division ?* — Ce pays est divisé en plusieurs états ou provinces dépendantes d'un monarque absolu qui les vend à d'autres despotes. Ces provinces sont : le Tigré, à l'E.; le Gojan, à l'O.; le Dembea, au centre; le Gondar et le Galla vers le S., où se trouvent des peuples féroces.

*Climat ?* — Le climat est très chaud et malsain.

*Capitale?* — La capitale est Gondar, située sur une montagne, et près du lac Tzana. Les maisons de cette ville sont construites en argile et couvertes en chaume ; le palais de l'empereur est cependant bâti en pierre. C'est un grand édifice flanqué de tours qui tombent en ruine.

*Productions ?* — Ce pays abonde en grains, fruits, bestiaux de toute espèce. On y trouve beaucoup d'animaux féroces, et une mouche dont la piqûre est si redoutable, que le lion fuit devant elle.

*Objets remarquables ?* — Axum, ancienne capitale de l'Abyssinie, renferme quelques ruines de monuments antiques, outre plusieurs obélisques de granit. L'usage barbare de lapider les criminels s'est conservé dans ce pays ; aussi l'on rencontre sur les grands chemins des monceaux de pierres, instruments de cet affreux supplice.

*Histoire ?* — Les Abyssiniens paraissent descendre de plusieurs peuples mêlés. Ils embrassèrent la foi au temps de saint Athanase ; mais leur religion n'est plus qu'un mélange de judaïsme, de christianisme et de superstition. Les habitants ont même conçu une aversion si grande contre les chrétiens, qu'ils font une garde exacte sur les frontières pour empêcher les étrangers d'entrer dans le royaume. Au reste, on ne peut y

8.

56.

Habitant de l'Oasis de Syouah, G.d Desert de
Sahara.

voyager qu'en chemise et sans chaussure ni bonnet. Le souverain de ce pays prétend descendre de la reine de Saba et du roi Salomon. On le nomme Grand-Negus, ou prêtre Jean.

---

# GRAND DÉSERT DE SAHARA.

### LA GOUVERNANTE OU LE RÉPÉTITEUR.

N° 8. Quels sont la situation, la division, le climat, la capitale du grand désert de Sahara; et quels sont ses productions et ses habitants?

*Situation?* — Le désert de Sahara est situé au S. du Bilédulgérid; il est borné, à l'O., par l'Océan; au S., par la Guinée et la Nigritie; et à l'E., par la Nubie et l'Égypte.

*Division?* — Il est divisé en cinq parties, parsemées *d'oasis*, ou îles de terre au milieu des sables; c'est là que se reposent les nombreuses ca-

* Voyez de Bar.

3.

ravanes qui, partant de Maroc, traversent le désert pour se rendre à Tombouctou, dans la Nigritie.

*Climat?* — Les sables du désert réfléchissent les rayons du soleil, et rendent la chaleur insupportable dans cette contrée, presque entièrement privée d'eau.

*Capitale?* — Le désert n'a point de capitale; cependant on peut regarder l'oasis de Syhouah comme le chef-lieu.

*Productions?* — Quoique le désert soit inculte, on trouve dans les différents oasis des dattes et d'autres fruits. Du reste, l'intérieur de cette vaste contrée est peuplé d'animaux féroces.

Sur les côtes de ce désert, et près de l'Océan, se trouvent quelques mouillages, tels que le golfe d'Arquin et la rade de Portendic, où les Français ont des établissements; entre les caps Blanc et Bajador, se trouvent les Monselmines et d'autres tribus féroces, qui font souffrir d'horribles traitements aux malheureux que la tempête jette sur leurs côtes.

9

57.

Nègre et négresse du Sénégal .

# SÉNÉGAMBIE.

### LA GOUVERNANTE OU LE RÉPÉTITEUR.

N° 9. Quels sont la situation, la division, le climat et la capitale de la Sénégambie; et quels sont les productions, les objets remarquables et l'histoire de ce pays?

*Situation?* — La Sénégambie est bornée, au N., par le Sahara; à l'O., par l'Océan; au S., par la Guinée inférieure, et à l'E. par la Nigritie.

*Division?* — Ce pays contient une foule de petits royaumes, habités par des Nègres indigènes, dont les peuplades principales sont celles de Foulahs, les Mandingues, les Yolofs et les Feloups.

Les Français y possèdent, outre Saint-Louis, Podor sur le Sénégal, Galam dans l'intérieur de l'île de Gorée, près du cap Vert, et les comptoirs d'Albreda et de Jaal, sur la Sénégambie.

Les Anglais, outre Sierra-Léone, ont encore plusieurs comptoirs et le fort Saint-Jean.

Les Portugais ont des établissements sur le Rio-Grande.

*Climat?* — Les chaleurs sont extrêmes dans ce pays ; il y règne des ouragans terribles.

*Capitale ?* — Saint-Louis, aux Français, et Sierra-Léone, aux Anglais, sont les principales villes du Sénégal.

*Productions?* — Les débordements réglés du Sénégal procurent une végétation abondante en riz, grains de toute espèce, fruits, cannes à sucre, café, coton, etc. On y trouve aussi beaucoup d'oiseaux d'espèces différentes, des perroquets et des paons.

*Objets remarquables ?* — Les naturels de cette contrée sont très noirs, vont presque nus ; on les dit adroits, orgueilleux, fourbes, vindicatifs, paresseux et voleurs ; ils enlèvent leurs voisins quand ils peuvent les attraper, et les vendent aux Européens, auxquels ils livrent aussi quelquefois leurs femmes et leurs enfants.

*Histoire ?* — On connaît peu l'histoire particulière du Sénégal, et les Européens qui trafiquent avec les peuples de ces contrées n'ont donné, pour la plupart, que des notions relatives

10

58.

Femme de Juida, Guinée supérieure.

à leurs mœurs et à leurs usages, qui sont encore très éloignés de la civilisation.

———

# GUINÉE SUPÉRIEURE.

### LA GOUVERNANTE OU LE RÉPÉTITEUR.

N° 10. Quels sont la situation, la division, le climat, la capitale de la Guinée supérieure; et quels sont les productions, les objets remarquables et l'histoire de ce pays?

*Situation?* — La Guinée supérieure s'étend au S. de la Sénégambie, le long de la côte de l'Océan jusqu'au Congo; à l'E. sont les pays peu connus de l'Afrique.

*Division?* — On divise la Guinée supérieure en plusieurs parties; les principales sont : 1° la côte des Graines, ainsi nommée du poivre qui y croît en abondance; 2° la côte d'Ivoire, où l'on achète des dents d'éléphant; 3° la côte d'Or, qui tire son nom de la poudre d'or qu'on trouve dans cette contrée; 4° la côte des Esclaves, où l'on fait le trafic honteux de vendre des Nègres. Cette côte renferme les royaumes de Juida, de Dahomé et de Benin, dont le souverain peut armer cent mille hommes. Capitale de même nom. Le royaume d'Ouary, au S. de Benin, capitale Ouary.

*Climat ?* — Le climat de la Guinée supérieure est chaud, et pernicieux pendant les temps des pluies de juin et juillet.

*Capitale?* — La capitale est Saint-Salvador.

*Productions ?* — Nous avons observé quelques unes des productions de cette contrée, en détaillant ces différentes parties. Nous ajouterons qu'on y trouve toutes les graines, fruits et légumes des climats tempérés, joints à ceux des tropiques, et particulièrement un serpent fort grand qui est ami de l'homme, et qui détruit tous les animaux nuisibles et vénéneux.

*Objets remarquables ?* — La côte des Esclaves est remarquable, en ce que ses habitants paraissent tout-à-fait étrangers aux doux sentiments de la nature, aux liens du sang et de l'amitié. Ces peuples, cruels et barbares, étaient dans l'habitude de se vendre entre eux , et le plus adroit à se saisir de son père , de sa mère , de ses frères et sœurs , quand il n'était pas vendu par eux , devenait riche à leurs dépens. Heureusement les nations se sont entendues pour arrêter ce commerce révoltant auquel des blancs avides se prêtaient avec un empressement qui faisait rougir l'humanité. On distingue sur cette côte , les Nègres de Juida , qui sont très cruels, et cependant poussent la politesse entre eux à un excès inconcevable. Ils adorent un serpent familier , long d'environ sept pieds ; on lui rend hommage dans un temple , où un grand-prêtre et des prêtresses sont consacrés à son service. Les peuples de Benin sont renommés pour leur excessive propreté.

*Histoire ?* — Les Portugais prétendent être les premiers Européens qui ont découvert ce pays , en 1417 ; mais il est constant que cette gloire est due à des négociants de Dieppe , qui découvrirent cette côte , en novembre 1364 , et qui , sous le règne de Charles V, y firent différents voyages. Les guerres intérieures qui déchirèrent la France pendant plusieurs années les forcèrent de suspendre leurs voyages, parce que le commerce se trouvait anéanti; ils n'en purent reprendre le cours que sous le règne de Henri III; mais, pendant cet intervalle, Jean II, roi de Portugal, faisait chercher une nouvelle route pour aller aux Indes. Daggo Eam, qu'il avait expédié pour cet objet, arriva, en 1484, à l'embouchure du Zaïre; les naturels lui firent comprendre que près de là était un souverain puissant; aussitôt il envoya à sa cour des officiers que l'on y retint. L'un d'eux, adroit et spirituel, s'insinua si bien dans l'esprit de l'oncle du roi, qu'il parvint à lui faire adopter le christianisme ainsi qu'à toute sa cour; dès-lors le roi de Portugal envoya des missionnaires pour y entretenir des correspondances, qui facilitèrent dans la suite le commerce des Portugais dans ce pays.

Guerrière de la Guinée inférieure ou Congo.

# CONGO

## OU GUINÉE INFÉRIEURE.

### LA GOUVERNANTE OU LE RÉPÉTITEUR.

N° 11. Quels sont la situation, la division, le climat du Congo ; et quels sont les villes principales, les productions, les objets remarquables et l'histoire de ce pays ?

*Situation ?* — Le Congo est situé au S. de la Guinée méridionale, et borné à l'O., par l'Océan ; au S., par le Mataman, et à l'E., par la Nigritie.

*Division ?* — Le Congo est divisé en plusieurs royaumes, dont les principaux sont : 1° celui de Loango, capitale Bouali, dans une position agréable ; 2° celui du Congo, capitale San-Salvador, bâtie par les Portugais ; 3° d'Angola, capitale Saint-Paul-de-Loanda ; 4° du Benguela, capitale Saint-Philippe, lieu d'exil pour les criminels portugais.

*Climat ?* — La chaleur est excessive au Congo,

quand elle n'est pas tempérée par les vents ou les pluies.

*Capitale ?* — San-Salvador.

*Productions ?* — Le sol, quoique aride en bien des endroits, produit différents grains, des cannes à sucres, des tamarins, des dattes et d'autres fruits. On y trouve aussi différents minéraux et des animaux féroces, et au milieu des forêts, le lis, la tubéreuse, et d'autres fleurs embaument l'air de leurs parfums.

*Objets remarquables ?* — Rien de digne de fixer l'attention.

*Histoire ?* — Les habitants du Congo sont noirs et vont presque nus ; ils ont une grande vénération pour de petites idoles appelées fétiches. Chez ce peuple, le fils n'hérite point de son père, c'est le frère du défunt. La monnaie de ce pays est une espèce de coquille nommée cauris.

# NIGRITIE.



N° 12. Quels sont la situation, la division, le climat, et la capitale de la Nigritie, et quels sont les objets remarquables et l'histoire de ce pays?

*Situation?* — La Nigritie ou Soudan occupe tout le nord de la partie centrale de l'Afrique.

*Division?* — Elle renferme plusieurs royaumes peu connus; les principaux sont : de l'O. à l'E., ceux de Bombaru, de Haoussa, celui de Bournou; les capitales sont de même nom; enfin celui du Darfour dont la capitale est Cobbeh.

*Climat?* — Quoique la chaleur soit très forte dans cette contrée, le climat est sain.

*Capitale?* — Tombouctou, capitale du Bombara, l'est aussi de toute la Nigritie.

*Productions?* — La Nigritie produit des grains, du coton, des dattes, de la gomme, des cuirs, de l'ivoire, et beaucoup d'animaux féroces.

*Objets remarquables?* — Rien qui mérite d'être mentionné.

*Histoire ?* — Les habitants de cette contrée ne se recommandent pas par leur caractère ; ils sont durs, paresseux, trompeurs, voleurs, et méchants ; leur peau est fort noire ; ils vont presque nus. On ne sait rien de bien détaillé sur leur histoire qui est un mélange de guerres intérieures dont les descriptions sont peu intéressantes.

---

# CAFRERIE

## ET COLONIE DU CAP.

### LA GOUVERNANTE OU LE RÉPÉTITEUR.

N° 13. Quels sont la situation, la division, le climat, et la capitale de la Cafrerie, et quels sont les productions, les objets remarquables et l'histoire de ce pays ?

*Situation ?* — La Cafrerie, située au S. de la Nigritie, occupe le centre et le sud de la partie méridionale de l'Afrique.

*Division ?* — Ses habitants, dont le nom signifie

1. Homme de la tribu des Caffres —— 2. Hottentot.

infidèle, forment une multitude de peuplades parmi lesquelles sont les Hottentots. La colonie du Cap, fondée par les Hollandais, occupe toute la pointe méridionale de l'Afrique ; elle appartient maintenant aux Anglais qui s'en sont emparés en 1795 ; malgré son étendue, cette contrée ne renferme que trente mille blancs et cinquante mille esclaves.

*Climat?* — Le climat est varié dans cette contrée suivant son étendue ; il y pleut fréquemment pendant l'été.

*Capitale?* — La Cafrerie n'a point de ville principale. Le Cap, sur la baie de la Table, un peu au N. du cap de Bonne-Espérance, est la capitale de la colonie de ce nom ; c'est une ville grande et bien fortifiée dont les rues sont tirées au cordeau et les maison bâties en briques.

*Productions?* — Le sol de la Cafrerie est fertile en végétaux, et ses vastes forêts sont remplies d'animaux sauvages. Dans le gouvernement du Cap la vigne réussit très bien et donne l'excellent vin de Constance si recherché par les étrangers.

*Objets remarquables?* — Les Hottentots se distin-

4.

guent des autres peuples par leur teint noir de
suie ; ils ont les os des joues saillants, le nez plat et
large, la bouche grande et garnie de petites dents
fort blanches ; leur chevelure, naturellement frisée,
est noire comme l'ébène. Ce peuple est indifférent
pour tout ; il oublie le passé, ne songe point à
l'avenir, et s'occupe peu du présent. Les Hottentots vivent dans des huttes rondes, couvertes de
peaux de bœufs ou de nattes de jonc. Ils sont fort
adroits à la chasse, et se nourrissent du lait de
leurs troupeaux.

Les Cafres, d'une haute stature, sont bien faits
et ont les traits assez réguliers ; leur couleur est
noir foncé ; leurs dents sont blanches, et leurs
yeux grands et noirs ; ils s'habillent de peaux de
bœufs artistement tannées ; portent des anneaux
d'ivoire aux bras ; se parent de poils de lion, et
ornent quelquefois leur tête de plumes de couleur.
Ils aiment les chiens avec passion, et les achètent
quelquefois des prix excessifs, quand ils peuvent
s'en procurer. Ils aiment la chasse, la lutte, la
danse ; ils obéissent à un roi dont le pouvoir est
limité ; ils n'enterrent point leurs morts, mais ils

les jettent dans une fosse commune où les bêtes féroces viennent les dévorer.

*Histoire ?* — Le cap de Bonne-Espérance fut découvert par Vasco de Gama. Les Hollandais, pour s'établir dans ce pays, achetèrent, en 1650, une lieue carrée de terrain qui leur fut vendue par un Hottentot ; ils y construisirent un fort, et peu à peu ils ont formé une ville ; leur colonie s'étant accrue, ils ont gagné une étendue considérable de terrain sur les naturels. Mais les Anglais se sont emparés, en 1795, de ce poste important par sa position sur la route des Indes. Les navires qui vont en Asie peuvent, en payant un droit d'ancrage, se procurer au Cap tous les rafraîchissements désirables. On y trouve un fort bel hôpital surveillé par d'habiles médecins et chirurgiens.

# DU MONOMOTAPA.

LA GOUVERNANTE OU LE RÉPÉTITEUR.

N° 59. Quels sont la situation, la division, et le

climat du Monomotapa, et quels sont les productions, les objets remarquables et l'histoire de ce pays ?

*Situation ?* — Le Monomotapa est le pays le plus méridional de la côte S.-E. de l'Afrique, sur le canal de Mozambique ; il est borné au N.-O. et au N.-E. par le Zambezé qui le sépare de la Cafrerie et de la côte de Mozambique.

*Division ?* — Il se compose de quatre royaumes qui sont : ceux d'Iuhambane, de Sabia, de Botonga, et du Monomotapa propre. Sofala, capitale du Botonga, est une ville importante par son commerce avec la Cafrerie ; elle appartient aux Portugais qui possèdent encore d'autres forts dans ce pays.

*Climat ?* — Les chaleurs excessives de ce pays sont tempérées par le voisinage du mont Lupata, d'où s'écoulent plusieurs rivières qui fertilisent le pays.

*Capitale ?* — Zimbaoé, dans l'intérieur du Monomotapa, est la résidence du souverain.

*Objets remarquables ?* — Les habitants de cette

partie de l'Afrique vont toujours nus et sont fort superstitieux.

*Histoire ?* — Le roi, pour s'assurer de leur fidélité, garde les enfants des grands en ôtages ; de plus, il en exige de nouveaux sermeuts tous les ans. La garde du roi est composée d'Amazones ou de femmes armées à la légère.

## COTES DE MOSAMBIQUE.

### LA GOUVERNANTE OU LE RÉPÉTITEUR.

N° 58. Quels sont la situation, le climat des côtes de Mozambique et Zanguebar, et quelles sont leurs villes principales et leurs productions ?

*Situation ?* — La côte de Mozambique s'étend le long du canal auquel elle donne son nom.

*Climat ?* — Son climat est fort chaud.

*Capitale ?* — Sa capitale porte le même nom ; elle est située dans une île fertile et bien fortifiée ; elle fait un grand commerce d'épiceries et de pierres précieuses.

# COTES DE ZANGUEBAR.

## LA GOUVERNANTE OU LE RÉPÉTITEUR.

N° 57. Quels sont la situation, la division, le climat, la capitale, et l'histoire de la côte de Zanguebar?

*Situation?* — La côte de Zanguebar est située au N.-E. de celle de Mozambique.

*Division?* — Elle comprend un grand nombre de petits royaumes dont les principaux sont ceux de Mongallo, de Guiloa, de Monelbaze et de Mélinde.

*Climat?* — Le climat varie selon sa situation.

*Capitale?* — Sa capitale porte le même nom.

*Histoire?* — Ces royaumes sont tributaires des Portugais ; on y trouve des éléphants et des mines d'or.

# COTE D'AJAN.

## LA GOUVERNANTE OU LE RÉPÉTITEUR.

N° 56. Quels sont la situation, la division, le

climat, les productions, les objets remarquables de la côte d'Ajan ?

*Situation ?* — La côte d'Ajan, située au N.-E. de celle de Zanguebar, s'étend au N. jusqu'au détroit de Bab-el-Mandel.

*Division ?* — Elle renferme trois grands états qui sont du S.-O. au N.-E. : 1° la république de Brava, sous la protection des Portugais, capitale de même nom ; 2° le royaume de Magadoxo, capitale du même nom ; 3° le royaume d'Adel, sur la côte méridionale du détroit de Bab-el-Mandel.

*Climat ?* — Il y fait généralement très chaud.

*Capitale ?* — Auçagurel, au centre, résidence du roi.

*Productions ?* — Le sol est très fertile, et si rempli de mines d'or, que les Portugais en nomment le souverain *l'empereur de l'or.*

*Objets remarquables ?* — Il ne pleut presque jamais dans ce pays qui n'en est pas moins fertile, parcequ'il est arrosé par un grand nombre de rivières. On y trouve une sorte de brebis dont les queues pèsent jusqu'à vingt-cinq livres ; on y recueille des grains, de l'encens, et des épices.

# QUATRIÈME VOYAGE.

## AMÉRIQUE.

### LA GOUVERNANTE OU LE RÉPÉTITEUR.

Mes jeunes amis, vous avez parcouru avec quelque attention les trois continents de l'ancien monde connu, et vous avez recueilli assez de connaissance sur leurs habitants pour pouvoir les comparer entre eux et les juger : maintenant nous allons visiter des peuples nouveaux, non seulement parceque leur découverte date d'une époque encore récente dans l'histoire, mais aussi parceque la plupart, sortis naguère de l'assujettissement, viennent de faire triompher chez eux des institutions sages et libérales. Avant de poursuivre nos voyages, et de visiter le Nouveau-Monde, je dois vous rappeler le nom de celui dont l'immortel génie avait pressenti son exis-

OCÉAN GLACIAL
ASIE
AMÉRIQUE RUSSE
Mer de Behring
I. Aléutiennes
GRAND
Tropique du Cancer
I. Sandwich
Équateur
Tropique du Capricorne
OCÉAN
AMÉRIQUE
Cercle Polaire Arctique
Mer Polaire
GROENLAND
MER DE BAFFIN
Gothaab
Iles des Esquimaux
Mer d'Hudson
Labrador
Terre Neuve
Québec
ÉTATS UNIS
Washington
Bermudes
MEXIQUE
G. de Mexique
Antilles
GUATIMALA
COLOMBIE
Quito
GUYANE
Cayenne
I. Galapagos
R. des Amazones
PÉROU
Lima
BRÉSIL
Rio Janeiro
PARAGUAY
PLATA
PATAGONIE
D. de Magellan
Terre
I. Malouines
OCÉAN ATLANTIQUE
1
2
3
4
5
6
7
8
9
10
11
12
13

tence; ce fut Christophe Colomb, Génois, qui eut la gloire de le découvrir. Ce navigateur étant abordé en 1492, à l'une des îles Lucayes, et ensuite à Saint-Domingue, y fonda, au nom du roi Alphonse d'Aragon et d'Isabelle de Castille, le premier établissement européen dans cette partie du monde. Cinq ans après, Améric Vespuce, Florentin, l'un des officiers qui l'avaient suivi à la première expédition, ayant à son tour abordé dans la partie S. de ce vaste pays, publia une relation de son voyage au Nouveau-Monde, qui dès-lors prit son nom, au lieu de celui de Colomb, qui avait eu le premier le mérite de le découvrir; mais ce ne fut pas la seule injustice que ce grand homme eut à souffrir : il avait excité l'envie, et devint bientôt la victime de ses ennemis qui, après l'avoir calomnié, le firent charger de fers. Plus tard, rendu à la liberté, il fut encore abreuvé de dégoûts et d'ennuis, et mourut enfin en 1506, objet de l'ingratitude des Espagnols. Ceux-ci se portèrent, au Nouveau-Monde, à des excès inouïs contre ses malheureux habitants. Aussi, en parcourant cette vaste région, vous rencontrerez souvent des hommes encore sauvages, que la cruauté et les barbaries des Européens, lors de la découverte de l'Amérique, ont éloignés des bienfaits de la civilisation. Espérons que le régime actuel, adopté dans cette partie du monde, les rapprochera de leurs concitoyens, et leur permettra de jouir un jour des vertus douces et philanthropiques, qui font le charme de la vie sociale.

---

### LA GOUVERNANTE OU LE RÉPÉTITEUR.

N° 1. Dites-moi quelle est la situation et la division de l'Amérique?—L'Amérique, ou Nouveau-Monde, est situé dans l'hémisphère occidental, et se trouve séparé de l'ancien continent par l'immense et impétueux océan Atlantique, et à l'occident, par le vaste océan Pacifique. Ce continent dont la largeur est de 1,700 lieues, et la longueur de plus de 2,800, va presque d'un pôle à l'autre ; il tient à celui du nord par des racines terrestres ou par des glaces qui ne fondent jamais, et se rapproche de celui du S., à la distance de 35 degrés.

*Division?* — L'Amérique se divise naturellement en deux massifs bien distincts : le premier prend le nom d'Amérique septentrionale ; le second, d'Amérique méridionale. Ces deux continents sont unis par l'isthme de Panama, que l'ondulation des vagues, et les efforts alternatifs des deux océans auraient sans doute brisé depuis long-temps, s'il n'était renforcé à sa base par la forte chaîne des Andes ou Cordilières, dont on présume qu'il n'est que la continuation.

## LA GOUVERNANTE OU LE RÉPÉTITEUR.

Puisque vous avez commencé de nous parler des montagnes de l'Amérique, continuez de nous les faire connaître, en spécifiant celles de la partie orientale de ce pays.

Les Andes ou Cordilières qui commencent dans la Patagonie, à la pointe de l'hémisphère méridional, longent du S. au N. toute l'étendue de ce continent, en suivant les sinuosités de l'isthme de Panama, pénètrent dans le continent oriental, sous le nom de montagnes rocheuses ou pierreuses, et vont se perdre dans le nord. La cime de ces montagnes est toujours couverte de neige jusque sous la zone torride où le Chimborazo s'élève à 1,000 toises au-dessus des plus hautes montagnes de l'Europe; des montagnes rocheuses, au N., sort le mont Saint-Élie, dont le sommet est le plus élevé de cette chaîne. Il contient plusieurs volcans dont les principaux sont le Plopocatépec et le Pic d'Orizabo, qui renferme en outre plusieurs mines d'or et d'argent; outre cette chaîne on trouve, à l'E. de l'Amérique septentrionale, les monts Apalaches, ou montagnes Bleues.

Nº 2. Quels sont les principaux golfes de l'Amérique septentrionale? — Les principaux sont: la baie de Baffin, à l'O. du Labrador; elle forme au S. celle de James, le golfe Saint-Laurent, entre l'île de Terre-Neuve et les États-Unis; la baie de Fundi, entre l'Acadie et les États-Unis; le golfe du Mexique, entre les Florides et le Mexique; les baies de Bristol et de Norton, sur la côte N.-O.

Nº 3. Quels sont les principaux détroits de l'Amérique septentrionale? — Ce sont ceux de

Davis, à l'entrée de la mer de Baffin ; d'Hudson, à l'entrée de la baie de ce nom ; de Belle-Ile, entre Terre-Neuve et le Labrador ; le canal de Bahama, entre les Florides et les Lucayes.

N° 4. Quelles sont les principales îles de l'Amérique septentrionale? — Ce sont les Antilles, qui forment une chaîne qui s'étend depuis la pointe des Florides jusqu'à l'embouchure de l'Orénoque; elles se divisent en trois groupes; savoir, les îles Lucayes, ou de Bahama, au N.; les grandes Antilles, ou îles sous le Vent, et les petites Antilles, ou îles du Vent.

N° 5. Faites-nous connaître les nations auxquelles elles appartiennent. Les îles Lucayes, au nombre de cinq cents, appartiennent aux Anglais; les grandes Antilles, ou îles sous le Vent, comprennent: 1° Cuba (capitale la Havanne) et San-Iago, au S.-E. aux Espagnols ; 2° la Jamaïque (villes principales, Spanistrow et Kingtown) appartient aux Anglais.

Les petites Antilles, ou îles du Vent, comprennent la Trinité, Tabago, Saint-Christophe, Saint-Vincent, la Dominique (capitale les Roseaux), la

5.

Barbade, et Sainte-Lucie, qui appartient aux Anglais.

Saint-Jean et Saint-Thomas sont aux Danois.

La Guadeloupe ( capitale Basse-terre ), la Desirade, Marie-Galande, la Martinique ( capitale le Fort-Royal ), ét une partie de Saint-Martin, appartiennent aux Français.

Sara, Saint-Eustache, Curaço, et une partie de Saint-Martin, sont aux Hollandais.

Saint-Barthélemi appartient aux Danois.

Sainte-Marguerite est aux Espagnols.

N° 6. Faites-nous connaître le climat de ces différentes îles, ainsi que leurs principales productions.

Le climat de toutes ces îles est très chaud. On y trouve plusieurs volcans; la plupart sont sujettes à des ouragans terribles ; et celles qui se rapprochent de la partie N.-E. du continent sont malsaines.

Les productions de ces différentes îles sont à peu près les mêmes que celles des tropiques ; elles abondent en outre en café, indigo, sucre, cacao et coton.

N° 7. Quelles sont les principales presqu'îles de l'Amérique septentrionale ? — On en compte sept principales ; savoir , le Groenland et le Labrador, au N.-E.; l'Acadie, ou la nouvelle Écosse ; la Floride orientale, le Jucaton, la vieille Californie, et l'Alaska.

N° 8. Quels sont les principaux caps ? — Le cap Farewel, le cap Hatteras, le cap de la Floride, le cap du Courant, le cap San Lucar.

N° 9. Quels sont les principaux lacs de l'Amérique septentrionale ? — Les lacs sont très nombreux et très considérables dans cette partie du monde. Les principaux sont entre le Canada et les États-Unis. 1° Le lac supérieur, de 500 lieues de circuit ; 2° le Michigan , de 93 lieues de long sur 80 de large ; 3° le lac Huron , de 75 lieues de long sur 60 de large ; 4° le lac Erié et l'Ontario, d'environ 200 lieues de tour. Ces cinq lacs se déchargent l'un dans l'autre : les deux derniers sont réunis par le *Niagara*, qui , à 4 lieues au-dessus de son embouchure dans le lac Ontario, forme une chute d'environ 150 pieds de haut, dont le bruit se fait entendre à plusieurs lieues. Enfin l'Amérique septentrionale renferme encore le lac Champelain, au nord des montagnes de l'Esclave; ces derniers sont peu connus.

N° 10. Quels sont les principaux fleuves? — Les plus considérables sont le Saint-Laurent, qui sort du lac Ontario; le Mississipi, qui prend sa source dans les Apalaches, traverse la Louisiane, se jette dans le golfe du Mexique, reçoit à sa gauche l'Ohio, et la rivière des Illinois, qui arrose les États-Unis; et à sa droite la rivière Rouge, le Kausas et le Missouri, de 7 à 800 lieues de cours; la Columbia, et le *Rio-colorado*, qui sortent des montagnes rocheuses.

N° 11. Quelles sont les principales religions de l'Amérique? — Les Européens ont établi le christianisme dans les différentes parties de ce vaste pays; néanmoins on y trouve encore un grand nombre de païens.

N° 12. Comment divise-t-on l'Amérique septentrionale? — En six parties, le Groenland, l'Amérique Russe, l'Amérique Anglaise, la répu-

Groenlandais en habit de pêche.

blique des États-Unis, la république du Mexique et celle de Guatimala.

———

# DU GROENLAND.

### LA GOUVERNANTE OU LE RÉPÉTITEUR.

N° 1. Quels sont la situation, le climat, la capitale du Groenland; et quels sont les productions, les objets remarquables et l'histoire de ce pays?

*Situation?* — Le Groenland, situé sous le pôle arctique, forme une presqu'île dont l'extrémité sud s'avance jusque dans l'hémisphère oriental.

*Climat?* — Son climat est très rigoureux.

*Capitale?* — Le principal établissement du Groenland est Gothaab.

*Productions?* — Les montagnes de ce pays toujours couvertes de neiges, renferment de l'abeste et une sorte de pierre dont les habitants font des lampes, des chaudrons, et d'autres ustensiles.

Les plantes de ce pays sont l'angélique, le cochléaria et le romarin; l'ours s'y fait remarquer par sa taille, sa forme hideuse et son poil blanc et long. Le lièvre, et les oiseaux de mer sont communs dans ce pays.

*Objets remarquables?*—L'île d'Onartok, dépendant du Groenland, a une source dont l'eau est toujours bouillante.

*Histoire?* — Les Danois ont formé une colonie au Groenland. La population de ce pays s'évalue à 10,000 habitants; les naturels sont petits, leurs cheveux sont longs et noirâtres, ils sont dans l'habitude d'arracher leur barbe. La religion des Groenlandais est un mélange de christianisme et de paganisme. Les missionnaires moraves y possèdent l'établissement de Lichtenan.

---

# AMÉRIQUE RUSSE.

LA GOUVERNANTE OU LE RÉPÉTITEUR.

N° 38. Quels sont la situation, la division, le

*Habitant de Kodiac.*

climat, et la capitale de l'Amérique Russe; et quelles sont les productions, les objets remarquables et l'histoire de ce pays?

*Situation?* — L'Amérique Russe est située sous le pôle arctique, et n'est séparée de l'Asie que par le détroit de Bering.

*Division?* — Elle se divise en colons et en naturels; ceux-ci sont très nombreux, puisqu'on élève leur nombre à plus de 500,000; on y comprend sans doute les habitants des îles, parmi lesquelles sont les Aleoutiennes qui sont une suite des Kurilles.

*Climat?* — Il y fait un froid excessif.

*Capitale?* — On n'y voit point encore de villes remarquables, mais quelques forts pour s'assurer le commerce; les principaux sont Saint-Paul, la Nouvelle-Arkangel, et *Kodiac*.

*Productions?* — Ces contrées glacées produisent des sapins, des érables, des genévriers, et parmi les animaux, des ours, des renards, des martres, des loutres marines, dont on retire des fourrures qui font le principal commerce du pays.

*Objets remarquables?* — On y trouve les volcans des îles Aleoutiennes, et les monts Saint-Élie et d'Aliatchka qui sortent des montagnes rocheuses.

*Histoire ?* — Ce pays fut découvert de 1728 à 1817, par Behering Cook, Lapeyrouse, Vancouver, Lisianski et Koetzebue. La Russie se l'est approprié par son ukase de 1821]; mais tous ses habitants excepté les colons sont sauvages et ne s'occupent que de chasses et de pêches.

---

# AMÉRIQUE ANGLAISE.

### LA GOUVERNANTE OU LE RÉPÉTITEUR.

N° 3. Quels sont la situation, la division, le climat de l'Amérique Anglaise, ses principales villes, ses productions, les objets remarquables, et l'histoire de ce pays?

*Situation ?* — On comprend sous le nom d'Amérique Anglaise cette vaste étendue de pays qui s'étend depuis la rivière Mackinzie les mon-

Samoiede ou Eskimaux.

tagnes rocheuses, et le grand Océan à l'O., jusqu'à l'Océan septentrional, à l'E.

*Division?* — On peut diviser ce pays en sept
parties ; savoir, le pays des Eskuimaux, ou Samoïèdes d'Amérique ; au N., le Labrador ; à l'E.,
entre l'Océan et la baie d'Husdon, la Nouvelle-
Écosse, villes principales Annapolis et Halifax ;
le Nouveau-Brunswik, au N.- E., capitale Frede-
rickstown ; au centre, le Canada, capitale Quebec
sur le fleuve Saint-Laurent, ville belle et forte,
résidence du gouverneur ; la Nouvelle-Galles, et la
région des lacs, au N.-O.

*Climat?* — Tous ces pays, dont l'extrémité nord
est toujours couverte de glaces, ont un climat très
rigoureux ; le mercure y gèle en hiver, et le ther-
momètre monte en été à 28 degrés dans la partie
du Canada.

*Productions?* — Au nord, se trouvent des animaux à fourrures ; et vers le centre des arbres
d'Europe, des graines, des fruits, et l'érable dont
on tire une espèce de sucre.

*Objets remarquables?* — La cataracte de

Montmorency qui se jette d'une hauteur de deux cent quarante pieds , dans un bassin de roches, présente un coup d'œil magnifique et imposant. Le Niagara, plus considérable, sort du lac Erié, et va se jeter dans le lac Ontario , à quatre lieues au-dessus de son embouchure, d'où ses eaux se rendent à trois cents pas plus bas dans le golfe Saint-Laurent, en formant une cascade, qui tombe d'une hauteur de cent soixante-trois pieds , et présente une étendue d'eau de douze cents pieds de large. Cette nappe immense en jaillissant contre les rochers les entraîne dans sa chute ainsi que les arbres qu'elle roule et brise avec un bruit effrayant qui s'entend à plusieurs lieues. On trouve encore dans le Canada des sources brûlantes.

*Histoire?* — L'Amérique anglaise fut découverte et explorée de 1497 à 1824 par Cabot, Cartier, Cotereal, Champlain , Héarn , Mackenzie, et par les dernières expéditions anglaises.

La partie nord de ce vaste pays, ainsi que le Labrador, est occupée par les Samoïèdes ou Eskuimaux. Ces peuples ne diffèrent des Groenlandais,

qui sont plus à l'est, que par une saleté dégoû-
tante, et parcequ'ils font tirer leurs traîneaux
par des chiens. Ils vivent sous des huttes ou sous
des tentes couvertes de peaux de rennes et d'écorces
de bouleau : ils se nourrissent de poissons et ne
s'occupent que de la chasse, qui leur procure de
belles fourrures dont ils font un grand commerce. Plus au sud habitent les Iroquois, les
Mohawks, les Oneïdas, les Hurons, et divers
peuples sauvages. La secte chrétienne des frères
moraves a fondé quelques établissements parmi
les Eskuimaux. Au centre, le Canada, occupé d'a-
bord par des Français qui s'y établirent au milieu
des tribus sauvages dont il était peuplé, a été
abandonné aux Anglais en 1763. Il est peuplé
par des colons de ces deux nations ; et la partie
occidentale par environ 60,000 sauvages. Ce pays
est en général assez civilisé ; on y connaît le luxe
et les agréments de la vie : les plaisirs des colons
sont les voyages sur les glaces dans des traîneaux
élégants.

N° 63. Les Anglais ne possèdent-ils point encore d'autres pays au N. de l'Amérique?

Oui, ils ont Terre-Neuve, qui appartenait autrefois à la France ; c'est une île triangulaire de 117 lieues de long , où l'on va pêcher la morue; ils ont encore Saint-Jean, dans le golfe Saint-Laurent, chef-lieu Charlotte-Town , l'île Royale ou cap Breton, les Bermudes , situées au S.-O. , à 200 lieues environ des États-Unis; ils possèdent encore au S. de l'Amérique Russe les îles de la nouvelle Hanovre , la nouvelle Géorgie , et plusieurs autres sur les côtes, et qui en dépendent, parmi lesquelles est celle de Vancouver où se trouve la baie de Noatka, où il se fait un grand commerce de fourrures.

---

# DES ÉTATS-UNIS.

**LA GOUVERNANTE OU LE RÉPÉTITEUR.**

N° 4. Quels sont la situation, la division et le climat des États-Unis?

*Situation?* — Les États-Unis occupent toute la partie sud de l'Amérique Anglaise ; ils sont bornés à l'O. , par l'océan; au S.-O. , par le nouveau Mexi-

65.
Chef des Osages, tribu des Etats-unis d'Amérique.

que; au S., par le golfe du Mexique, et à l'E.,
par l'océan Atlantique.

*Division ?* — On divise les États-Unis en trois
régions, celles du nord, du centre, et du sud,
renfermant vingt-quatre états qui forment une république fédérative ; il sont composés d'un président, élu pour quatre ans, entre les mains duquel
est le pouvoir exécutif, d'un sénat composé de
deux députés de chaque état , et d'une chambre de
représentants ; chaque état a en outre un gouvernement particulier *.

*Climat ?* — Le climat est très variable aux États-
Unis, on y passe subitement du froid au chaud ;
au N., l'hiver y est plus rude qu'en Europe ;
dans les plaines, le long de l'Océan, et à l'E. des
monts Apalaches , il fait des chaleurs excessives.

*Capitale ?* — Washington , ville nouvelle, fondée en 1792 , en l'honneur du général Washington, le libérateur de l'Amérique , est le siége du
congrès et la capitale de la république. Boston ,

* Voyez, le nom des états et leurs capitales, à la
fin de ce volume.

6.

Philadelphie, et New-York sont les autres villes remarquables des États-Unis.

N° 64. Quels sont les productions, les objets remarquables et l'histoire de ce pays?

*Productions?* — Le sol y est fertile et produit tout ce qui est nécessaire à la vie; la végétation, riche et variée, présente à l'œil charmé des prairies, des forêts et des bocages de palmiers, de chênes verts et de cèdres rouges. Le magnolier à grandes fleurs y domine les autres arbres, il s'élève à cent pieds de haut. Des plantes grimpantes s'élèvent au sommet des plus grands arbres, et rivalisent avec eux par l'éclat de leurs fleurs; enfin les marécages eux-mêmes ont leurs richesses; et parmi les animaux on trouve, au N., ceux de l'Europe, de plus les bisons, sorte de bœufs sauvages, qui se rassemblent par troupeaux sur les bords du Mississipi; au S., sont des animaux féroces, des tortues, des serpents à sonnettes, et une sorte de grenouilles d'une grosseur prodigieuse.

*Objets remarquables?* — On voit aux États-Unis quelques restes de fortifications antiques, des fontaines intermittentes, un pont naturel, et des ossements de Mammouth.

*Histoire?* — Treize provinces, connues sous le nom de Nouvelle-Angleterre, situées au S. du Canada, échappèrent, en 1783, à la domination de la mère-patrie. Un impôt exorbitant, que l'Angleterre leur avait imposé, fut cause de leur révolte. La France, nouvellement humiliée par l'Angleterre, les appuya de sa protection. La Hollande et tout le Nord reconnurent leur indépendance, et l'Angleterre se vit elle-même contrainte de l'approuver en 1782. Depuis ces états se sont augmentés par l'achat de la Louisiane et la cession des Florides par l'Espagne. Ce pays, peuplé de colons anglais et de quelques Français, renferme encore beaucoup de nations sauvages que le temps et les efforts de leurs concitoyens amèneront sans doute aux bienfaits de la civilisation.

# RÉPUBLIQUE DU MEXIQUE.

La gouvernante ou le répétiteur.

N° 5 Quels sont la situation, le climat, et la capitale de la république du Mexique, et quels sont les productions, les objets remarquables et l'histoire de cette contrée?

*Situation?* — La république du Mexique, située au S. des États-Unis, est bornée à l'O. par l'océan Pacifique, à l'E. par l'océan Atlantique, et au S. par la république de Guatimala.

*Division?* — Elle comprend la nouvelle Californie, au N.-O., qui est un pays délicieux; plus au N., des régions à peine habitées; vers le centre, le Texas où s'est fondé pour un moment le Champ-d'Asile; au S.-E., la vieille Californie qui forme une presqu'île entre l'Océan et la mer Vermeille; et diverses provinces, au centre et au S.

*Climat?* — La chaleur y est très forte; mais le climat est sain.

*Capitale?* — Mexico, fondée par les Européens, est une des plus belles villes de l'Amérique; ses

Homme et femme sauvages de la Rép.<sup>que</sup> du Mexique.

maisons sont élégantes, ses édifices construits avec solidité. On y trouve de nombreux établissements scientifiques. Guadalaxara et la Vera-Cruz sont des villes considérables.

*Productions?* — Le sol du Mexique produit tous les grains et fruits d'Europe; on y trouve de plus du coton, du cacao, de la vanille, de l'indigo; il renferme aussi des mines d'argent les plus riches de la terre.

*Objets remarquables?* — On trouve au Mexique plusieurs volcans et des rochers porphyritiques, renfermant des sources minérales.

*Histoire?* — Le Mexique, habité par les Aztèques, peuple puissant et civilisé, fut découvert par Christophe Colomb; mais ce fut Fernand Cortez qui, aidé d'une poignée de soldats, en fit la conquête. La hardiesse et la promptitude avec lesquelles il parvint au succès de son entreprise auraient rendu son nom à jamais célèbre, si la soif de l'or ne l'avait déshonoré par la plus cruelle barbarie. A Montezuma, empereur du Mexique lors de la conquête, avait succédé le jeune Guatimozin qui fait des prodiges de valeur; vaincu par les

Espagnols, il devient le martyr de leur avarice ; pour lui faire déclarer où sont les trésors de l'empire, on l'étend avec son favori sur des charbons ardents, il souffre avec courage ; et, comme son favori se plaint : « Et moi, lui dit-il, suis-je sur un lit de roses ? » Paroles célèbres qui égalent tout ce que l'histoire rapporte de plus héroïque. Lorsque les Espagnols se virent maîtres de cet empire, ils y envoyèrent des vice-rois qui s'appliquèrent à faire travailler aux mines que ce pays renferme, et qui enrichirent long-temps l'Espagne. Mais depuis la captivité du roi Ferdinand, et son retour au trône, ce pays, après avoir pris d'abord les intérêts de sa dynastie contre celle de Napoléon, se proclama ensuite état indépendant sous l'empire d'Iturbide ; celui-ci est bientôt forcé d'abdiquer ; et le pays se fixe à une souveraineté fédérale, calquée sur celle des États-Unis.

Esclave de la République de Guatimala.

# RÉPUBLIQUE

# DE GUATIMALA.

LA GOUVERNANTE OU LE RÉPÉTITEUR.

N° 6. Quels sont la situation, la division, le climat et la capitale de la république de Guatimala ; et quels sont les productions, les objets remarquables et l'histoire de ce pays ?

*Situation ?* — La république de Guatimala, formée du vieux Mexique ou de la Nouvelle-Espagne occupe toute la partie méridionale, et tout l'isthme qui unit les deux Amériques.

*Division ?* — Ce pays est composé de six provinces réunies par un lien fédéral, comme aux États-Unis.

*Climat ?* — Le Guatimala montagneux et sous une latitude très méridionale éprouverait une chaleur insupportable si elle n'était tempérée par les brises de la mer, et des pluies habituelles ; les orages y sont fréquents et d'une extrême violence.

*Capitale ?* — Guatimala, ville riche, grande,

et capitale de la province de ce nom , l'est aussi de toute la république.

*Productions ?* — Comme au Mexique, aux métaux près, qui sont beaucoup moins abondants.

*Objets remarquables ?* — Ce pays renferme plusieurs volcans , dont la source est dans les Andes et le lac de Nicaragua , d'où s'exhale quelquefois une fumée mêlée de flammes.

*Histoire ?* — L'histoire de ce pays est liée à celle du Mexique, dont il faisait partie au moment de l'indépendance. Il s'est érigé en état séparé avec un président, un sénat, et une chambre représentative.

---

# AMÉRIQUE MÉRIDIONALE.

### LA GOUVERNANTE OU LE RÉPÉTITEUR.

N° 5. Quelle est la situation de l'Amérique méridionale ? — L'Amérique méridionale est bornée, au N., par la mer des Antilles et l'isthme de Panama, qui la joint à l'Amérique septentrionale ; à l'E., par l'océan Atlantique ; à l'O., par l'océan Indien ; et au S. , par le détroit de Magellan, qui la sépare de la Terre de Feu.

N° 1. Quelles sont les principales montagnes de l'Amérique du Sud?—La principale chaîne est celle des Andes ou Cordilières , qui la traversent dans toute sa longueur , et qui présentent les points les plus élevés du globe.

N° 2. Quels sont les principaux fleuves de l'Amérique ? — L'Amérique méridionale est arrosée par un nombre infini de rivières et de fleuves qui descendent des Andes et se jettent dans l'océan Atlantique. Les principaux sont l'Orénoque, qui prend sa source dans la Nouvelle-Grenade, et parcourt un espace de 560 lieues ; la rivière des Amazones, qui prend sa source au Pérou ; le Rio de la Madera et l'Araguay, qui ont plus de 500 lieues de cours (le Rio-Négro fait communiquer le dernier avec l'Orénoque ) ; enfin La Plata, formée du Paraguay et de l'Araguay, prend sa source au Brésil , coule vers le S. , et se jette dans l'Atlantique, après un cours de 750 lieues ; et le San-Francisco arrose le Brésil du

S. - O. au N.-O., dans un cours de plus de 400 lieues.

N° 3. Quels sont les principaux golfes ? — Ce sont, 1° la baie de Darien, au N. ; 2° celle de Tous les Saints, et les golfes de Saint-Mathias, de Saint-Georges, et la grande baie à l'E. de la Patagonie; celui du Guyaquil, à l'O. du Pérou, et la baie de Panama, à l'O. de la Nouvelle-Grenade.

N° 4. Quels sont les principaux détroits ? — Ce sont ceux de Magellan au S., et de Lemaire, entre la Terre de Feu et celle des États.

N° 5. Quels sont les principaux lacs ? — Ce sont ceux, 1° de Maracaïbo, au N.-O., communiquant avec la mer des Antilles; 2° de Parimé, au S.-E. de Titicaca, dans le Pérou.

N° 6. Quels sont les principaux caps ? — Les plus remarquables sont le cap de la Vela, au N. de Nasseau, et du Nord, dans la Guiane; Saint-Roch, Saint-Augustin, Rio, et Sainte-Catherine, au Brésil; Saint-Antoine, Blanc et des Vierges, sur la côte de la Patagonie; de Horn, au S. de la Terre de Feu.

N° 7. **Comment divise-t-on l'Amérique méridionale?** — L'Amérique méridionale, découverte
et colonisée de 1498 à 1556, par Colomb, Ame-
ric Vespuce, Pizarre, d'Amagro, Las-Casas, etc.,
formait ce qu'on appelait la Nouvelle - Espagne,
comprenant plus de la moitié de cette vaste pénin-
sule, et est divisée en trois vices-royautés et deux
capitaineries; savoir : la vice-royauté de la Nouvelle-Grenade, avec la capitainerie du Caraccas,
comprenant la Guiane espagnole, au N. et N.-
E.; la vice-royauté du Pérou, à l'O.; plus, au S.,
la capitainerie du Chili, et, vers le centre, la vice-
royauté de La Plata ou du Buénos-Ayres, avec le
Paraguay. Aujourd'hui, ces divers pays se sont
rendus indépendants de l'Espagne, et l'on divise
maintenant l'Amérique du S. en cinq parties, savoir : au N. et N.-E., la république de Colombie ;
à l'O., la république du Pérou; au S., la république
du Chili; et, vers le centre, la république de Bolivia, formée d'un démembrement de celle de La Plata;
plus la république de La Plata ou de Buénos-Ayres,
avec la présidence du Paraguay, l'empire du Brésil au centre et à l'E., la Patagonie au S., et la

république d'Haïti, formée d'une réunion d'îles,
au N.-E. de l'Amérique méridionale.

# RÉPUBLIQUE DE COLOMBIE.

### LA GOUVERNANTE OU LE RÉPÉTITEUR.

N° 7. Quels sont la situation, le climat, la capitale de la république de la Colombie.

*Situation ?* — La république de Colombie, formée de la vice-royauté de la Nouvelle-Grenade, et de la capitainerie de Caraccas, est située au N. de l'Amérique occidentale, et bornée au N. par la mer des Antilles; à l'E., par la Guiane; à l'O., par l'Océan; au S., par la Guiane portugaise et la république du Pérou.

*Climat ?* — Le climat de ce pays est très agréable; cependant quelques parties vers l'E. ont de fortes chaleurs. On n'y voit que deux saisons : l'hiver ou les pluies, l'été ou la saison sèche.

*Capitale ?* — Santa-Fe-de-Bogota, belle ville, au pied des Cordilières, et dans une plaine éle-

68. Matelot de la République de Colombie.

vée, est la capitale de cette république; Quito et Carthagène sont aussi des villes assez considérables.

N° 66. Quels sont les productions, les objets remarquables et l'histoire de ce pays.

*Productions ?* — On y trouve toutes les productions des tropiques en extrème abondance : on y cultive le cacao le plus estimé, et connu sous le nom de Caraque, depuis 1774; on y cultive aussi le coton et le café depuis 1784; on y trouve encore des ours, des singes, des perroquets, des bananes, de l'or, de l'argent et des pierres précieuses.

*Objets remarquables ?* — Le Cimborazo, ou géant des montagnes du Nouveau-Monde, se trouve dans ce pays, où l'on voit encore le pont de Pondi, et les *illanos,* ou déserts stériles et brûlants d'environ deux mille lieues, peuplés de crocodiles, et de boas.

*Histoire ?* — Avant la découverte du Nonveau-Monde, l'Amérique méridionale avait un empire riche et puissant, aussi bien que l'Amérique du Nord, c'était celui du Pérou, dont les souverains, plus magnifiques que les empereurs du Mexique, commandaient à des peuples encore plus civilisés que les Mexicains. Ces deux grands états, séparés par l'isthme de Panama et par des tribus inconquises, ne se connaissaient pas ; et tandis que Fernand Cortès conquérait le premier, François Pizarre, Diègue d'Almagro, négociaht, et l'abbé Fernand Lucques, s'unissaient à Panama pour la conquête du second. La circonstance était heureuse : une guerre civile désolait le Pérou. Deux frères se disputaient le trône ; c'étaient Huascar et Attaliba ; celui-ci était vainqueur. Pizarre marche vers lui, l'étonne ainsi que son peuple par le bruit de ses armes, le soumet, et le fait prisonnier. Ce malheureux prince offrit, pour sa délivrance, de faire remplir d'or une vaste salle où on l'avait enfermé ; mais l'avidité de ses vainqueurs n'étant point encore assouvie, ils le firent mourir sous les coups du bourreau. Avec lui périt la dynastie bienfaisante des Incas et l'âge d'or des Péruviens. Depuis, ce peuple, doux et paisible, fut décimé successivement par la cruauté des Espagnols, qui donnaient leurs membres palpitants à manger à leurs chiens. On aime à se rappeler, au milieu de ces cruautés horribles, le nom d'un homme com-

patissant et bon , qui s'opposa partout à la fu-
reur de ses concitoyens , s'exposa même pour
sauver les innocents Péruviens, et vint plaider
jusqu'au pied du trône leur cause et les droits de
l'humanité : cet homme respectable est Las-Casas,
évêque *. Après dix-sept ans de troubles , qui ne
finirent qu'à la mort de ces farouches conquérants , ce pays suivit le sort du Mexique, et fut
gouverné par des vices-rois, pour l'Espagne;
mais depuis peu d'années il a secoué le joug de la
mère-patrie, etforme plusieurs états indépendants.
Celui de la Colombie n'a obtenu son indépendance
qu'après une lutte longue et sanglante , et les terribles combats de Bolivar et de Morillo ont retenti
dans toute l'Europe.

* De la même famille que le célèbre auteur de ce
nom , aux ouvrages duquel nous avons emprunté quelques notes , et si connu par son noble dévouement à la
cause d'un illustre proscrit.

# DE LA GUIANE.

LA GOUVERNANTE OU LE RÉPÉTITEUR.

N° 70. Qu'est-ce que la Guiane ? à qui appartient-elle ? et quelles sont ses principales villes, ses productions et les peuples qui l'habitent ?

— La Guiane, enclavée entre la république de Colombie et la rivière des Amazones, se divise en quatre parties, savoir : 1° celle de la Colombie ; 2° la Guiane hollandaise, dont la capitale est Surinam ou Paramaribo, et les possessions Anglaises ; 3° la Guiane française, qui occupe environ soixante lieues de côtes, sur cent cinquante de profondeur, et a pour capitale Cayenne ; 4° la Guiane portugaise, maintenant réunie au Brésil.

Le sol est humide, et le climat très chaud dans cette partie de l'Amérique ; et la végétation y montre une vigueur extraordinaire.

La population de la Guiane s'élève à 1,100 Français, 5,000 Hollandais, et 82,000 nègres de différentes races ou tribus, parmi lesquels les Caraïbes

*Dame créole de Lima.*

sont les plus nombreux, les plus féroces, et les plus braves : ils sont antropophages

———

# RÉPUBLIQUE DU PÉROU.

### LA GOUVERNANTE OU LE RÉPÉTITEUR.

N° 8. Quels sont la situation, la division, le climat, la capitale de la république du Pérou ; et quels sont les productions, les objets remarquables, et l'histoire de ce pays ?

*Situation?* — Le Pérou est situé au S. de la république de Colombie, dont il est séparé par la rivière des Amazones, au N.; il est borné à l'E., par une partie de l'empire du Brésil, qui est encore à peu près inconnue; à l'O., par l'Océan; au S., par la république de Bolivia.

*Division?* — Ce pays était divisé par les Espagnols en six gouvernements qui forment aujourd'hui une république.

*Climat?* — Sur les plateaux de cette république on jouit d'un printemps perpétuel; dans les plaines les chaleurs sont extrêmes.

*Capitale?* — Lima, ville riche, grande et commerçante, mais sujette aux tremblements de terre. Cusco, ancienne résidence des Incas, est encore, après Lima, la plus belle ville de cette contrée.

*Productions?*—Le sol produit des fruits, du sucre, du coton, du quinquina, des résines; on y trouve des vigognes, des lamas, et une extrême abondance de riches minéraux d'or, d'argent, et de cuivre.

*Objets remarquables?* — Près de Cusco, se voient encore les restes du temple du soleil et l'habitation des vierges consacrées à son service; ils sont changés en un couvent.

*Histoire?* — La république du Pérou faisait partie du puissant empire des Incas: nous n'ajouterons rien à ce que nous avons déjà rapporté de son histoire. Voyez *l'article Colombie.*

# RÉPUBLIQUE DU CHILI.

LA GOUVERNANTE OU LE RÉPÉTITEUR.

N° 9. Quels sont la situation, la division, le

9

7°

*Habitant de la République du Chili.*

climat, la capitale de la république du Chili; et quels sont les productions, les objets remarquables, et l'histoire de ce pays?

*Situation?* — Le Chili s'étend au S. du Pérou, le long de la côte du grand Océan; il est borné au S. par la Patagonie, qui, avec la république de la Plata, le borne aussi à l'E.

*Division?* — Outre les naturels et les anciens Espagnols, il comprend encore les Araucaniens, nation farouche et belliqueuse, que les Espagnols n'avaient jamais pu réduire.

*Climat?* — Le climat du Chili est peut-être le plus agréable de l'Amérique; la température y est douce et toujours égale.

*Capitale?* — San-Iago, ville agréable, ornée de fontaines et d'édifices magnifiques, est la capitale du Chili.

*Productions?* — Le sol y produit toutes espèces de graines, vignes, oliviers: on en retire or, argent, fer, cuivre, plomb, etc.

*Objets remarquables?* — Le Chili renferme quatorze volcans en activité; on trouve des lacs salés dans les Andes.

*Histoire?* — Les Incas avaient conquis les parties du nord de ce pays ; les Espagnols se sont em-
paré des autres ; mais en 1818, le Chili proclama son indépendance et assura sa liberté par
la victoire de Maypo : il obéit plusieurs années à
une espèce de dictature exercée par O'Higgins et
Saint-Martin ; mais en 1821 il adopta une constitution modelée sur celle des États-Unis.

---

# RÉPUBLIQUE DE BUÉNOS-AYRES.

### LA GOUVERNANTE OU LE RÉPÉTITEUR.

N° 10. Quels sont la situation, la division, le
climat, des républiques de Buénos-Ayres et de
Bolivia ; et quelles en sont les capitales ?

*Situation?* — La république de Buénos-Ayres,
située entre le Chili et le Brésil, est bornée au S.
par la Patagonie.

*Division?* Elle a succédé à la vice-royauté de ce
nom, qui comprenait, 1° cinq provinces devenues
aujourd'hui république du Haut-Pérou, ou de

Sauvage des environs du Paraguaï, Rép.<sup>que</sup> de la Plata.

11.

72

*Porteur de fardeaux de la république de Bolivia,
Haut Pérou.*

Bolivia, dont la capitale est La Paz, ville grande, ornée d'édifices publics, de fontaines, et entourée d'une multitude de collines et de ruisseaux qui charient de l'or; 2° le Paraguay, enclavé entre cette république et le Brésil; il est devenu indépendant sous le président Francia; sa capitale est l'Assomption; 3° le Tucuman et le Buénos-Ayres, qui forme aujourd'hui la république de ce nom, ou de la Plata; 4° le Monte-Video, qui appartient au Brésil.

*Climat?* — La température varie dans ces contrées : elle est fort douce au Paraguai, et au Buénos-Ayres.

*Capitale?* — La république de La Plata a pour capitale Buénos-Ayres, dont elle prend aussi le nom; c'est une ville très commerçante.

N° 11. Quelles sont les productions, les objets remarquables, et l'histoire de ces pays?

*Productions?* — On y trouve des plaines immenses d'herbes, entremèlées d'arbustes; le sol y produit des fruits délicieux et des grains; on y trouve aussi une grande quantité de bœufs et de chevaux sauvages. La république de Bolivia renferme les fameuses mines d'argent du Potosi.

*Objets remarquables?* — Ce pays renferme des plaines immenses d'herbage, où il n'est pas rare de voir quinze à vingt mille troupeaux réunis, et commis à la garde de bergers qui campent dans les lieux déserts et montueux, jamais dans les villes. Ces hommes, toujours à cheval et vêtus de peaux, ont un aspect repoussant; on les dit hospitaliers, vertu qui s'allie mal avec la férocité qui les caractérise. Outre les plaines, ce pays renferme encore les Pampas, ou terres arides et désertes dans le voisinage desquelles quelques tribus de sauvages mangent une sorte de terre. Dans la république de Bolivia on trouve le lac Titicaca, qui a quatre-vingts lieues de circonférence, où l'on dit que les Indiens, lors de la conquête du Pérou, jetèrent des trésors immenses.

*Histoire?* — Le Buénos-Ayres fut découvert en 1515, par Solis, qui toucha à l'embouchure de La Plata, mit pied à terre, et fut tué par les naturels. Depuis, les Espagnols se pressèrent d'y envoyer des colonies, pour empêcher les autres nations de s'en emparer et d'inquiéter leurs autres possessions. Les jésuites s'étant établis au Paraguay, y formèrent un établissement religieux et politique qui dura quatre-vingts ans, et devint célèbre : la jalouse autorité du roi d'Espagne le leur enleva. Ce pays fut en quelque sorte abandonné à lui-même pendant la captivité de la famille royale d'Espagne, sous Napoléon, et prit vivement son parti ; mais comme il avait joui pendant ce temps d'une sorte d'indépendance, il se révolta lorsque le roi Ferdinand VIII, remonté sur le trône, voulut le remettre à la chaîne, et fut encore long-temps déchiré par les factions des unitaires et des fédéralistes, sous les Cerrera, Artigas et Puyredon. Celui-ci est déposé en 1820, l'anarchie suit, mais plus tard un lien fédéral est décrété, le pays adopte une constitution, et reconnaît au Nord la république de Bolivia, l'indépendance du Paraguay, sous Francia, et Monte-Video comme possession brésilienne : le reste demeure république de La Plata.

---

# EMPIRE DU BRÉSIL.



N° 12 Faites-nous connaître le Brésil, et sa situation.

*Situation?* — L'empire du Brésil, situé au S. de la république de Colombie, est borné à l'E. par la Guiane et l'Océan; à l'O., par les républiques du Pérou, de Bolivia, le Paraguay, et la république de La Plata.

*Division?* — Le Brésil, dont une grande partie est encore inconnue, renferme une foule de tribus indigènes très féroces entre la rivière des Amazones, le plateau des Campos Parexis, et le Rio Grande. On porte sa population à 4,000,000 d'hommes, dont 500,000 Européens : les Portugais sont divisés en quatorze capitaineries.

*Climat?* — Il est assez tempéré, mais humide; sur les rives de l'Amazone et du Delta, et sur les côtes, cependant, il est généralement sain.

*Capitale?* — La capitale du Brésil est Rio-Janeiro, résidence de l'empereur.

...raïbe ou sauvage des environs du Fleuve des
Amazones au Brésil.

*Productions?* — Le Brésil pourrait seul approvisionner l'Europe de blé : on y trouve, outre des légumes et des fruits, des bois de teinture et de construction, l'ébène, le bois de rose, et l'acajou. La vanille est commune dans ses forêts, où croissent de très belles fleurs sans culture, et où l'on trouve une multitude de singes, de jolis colibris, et d'autres animaux.

*Objets remarquables?* — On admire la belle cascade du Rio-San-Francisco, rivière qui charrie des diamants.

*Histoire?* — Le Brésil fut découvert de 1500 à 1507, par Pinzon, Alvarès, Cabral, Portugais, Solis et Vespuce, en 1807. La famille de Bragance, forcée de fuir le Portugal à l'approche des Français, se retira au Brésil. A son retour en Europe elle commit, à l'égard de cette colonie, la même faute que l'Espagne avait faite à l'égard des siennes. Une révolution éclate, et le fils aîné du roi, don Pèdre, a le bon esprit de s'en rendre maître en réunissant à une constitution libérale le titre d'empereur qu'il porte aujourd'hui. Du reste les Brésiliens sont gais et scrupuleusement attachés aux pratiques religieuses. Les sauvages de ce pays sont robustes, basanés, leurs cheveux sont noirs et longs, leurs yeux grands; ils ont le nez aplati.

----

# DE LA PATAGONIE.

LA GOUVERNANTE OU LE RÉPÉTITEUR.

N° 13 Faites-nous connaître la Patagonie, son climat, ce qu'elle offre de remarquable, et ses habitants.

La Patagonie, située au sud de la rivière de La Plata ou de Buénos-Ayres, est un pays peu connu, qui occupe toute la pointe méridionale de l'Amérique, et fut découvert en 1520 par Magellan. Ce pays est froid, sauvage, et presque stérile; on y trouve cependant l'autruche, le bœuf sauvage, la vigogne, et le lièvre. Les habitants sont d'une taille élevée, assez doux, et divisés en plusieurs tribus, parmi lesquelles on remarque les Tehuctches qui n'enterrent point leurs morts, mais qui les portent

13

74

Roi des Patagons.

en commun dans des déserts sous des huttes de terre autour desquelles ils rangent les squelettes de leurs chevaux.

Tout-à-fait au sud se trouvent les Patagons : grands, forts et robustes, ils ont les os gros, la face large, le nez écrasé, le teint bazané, les dents blanches, et les cheveux noirs ; leurs vêtemens sont de peaux dont le poil est en-dedans ; ils portent des chapeaux ornés de plumes ; vivent de chasse et de pêche et de quelques végétaux qui croissent sans culture.

Au détroit de Magellan on trouve la Terre de Feu, ainsi nommée à cause des volcans qui y brûlent au milieu des neiges perpétuelles : à l'orient sont quelques vallées couvertes d'arbres, de ruisseaux, et de verdure ; mais néanmoins les sauvages qui habitent cette île sont misérables, ils ont le nez épaté, la face large, les joues saillantes, se vêtissent de peau de veau marin, vivent de poissons et de coquillages. On trouve encore au sud de la Patagonie les îles Falkland, la terre des États, et la Géorgie.

# CINQUIÈME VOYAGE.

## OCÉANIE.



Mes jeunes amis, en parcourant l'Amérique vous avez pu remarquer les grands effets que la nature déploie dans cette partie du monde, sous le rapport des lacs, des montagnes, et des fleuves qui s'y trouvent plus considérables que dans l'ancien continent. En réfléchissant sur l'histoire de ses peuples, et notamment sur leurs derniers mouvements, vous aurez pu remarquer aussi l'esprit d'indépendance qui s'est manifesté parmi eux, et dont les États-Unis leur avaient donné l'exemple dès auparavant 1782 ; enfin vous avez fait connaissance avec quelques uns des sauvages qui errent dans les vastes plaines inhabitées du N. et du S. de ce grand pays ; et vous avez achevé vos voyages

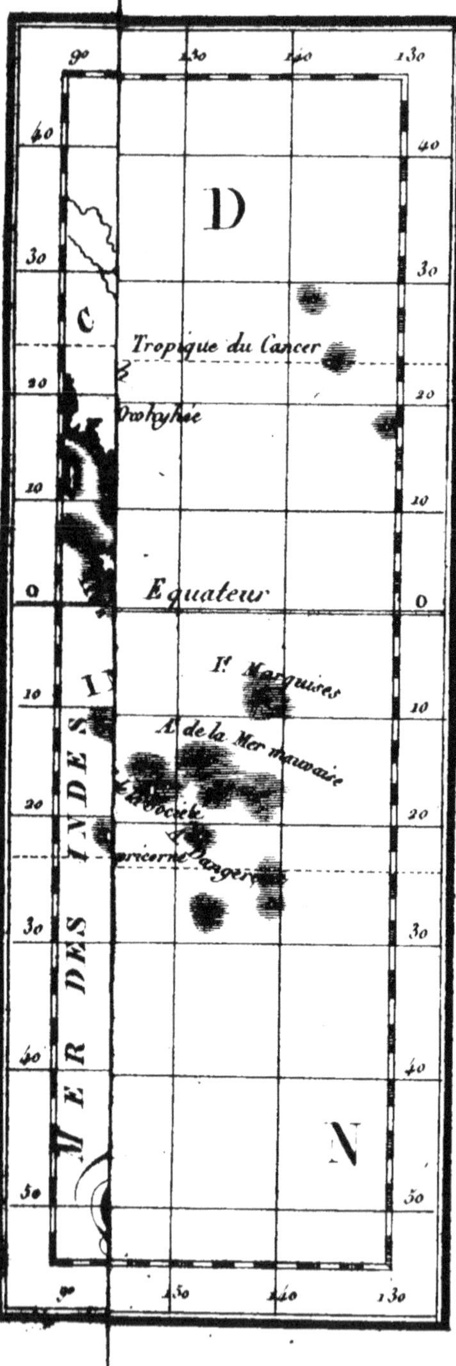
D
C
N
90 130 140 130
40 40
30 30
Tropique du Cancer
20 20
Owhyhée
10 10
0 Equateur 0
I. Marquises
10 10
A. de la Mer mauvaise
20 20
Capricorne Dangers
30 30
40 40
50 50
90 130 140 130
VER DES INDES

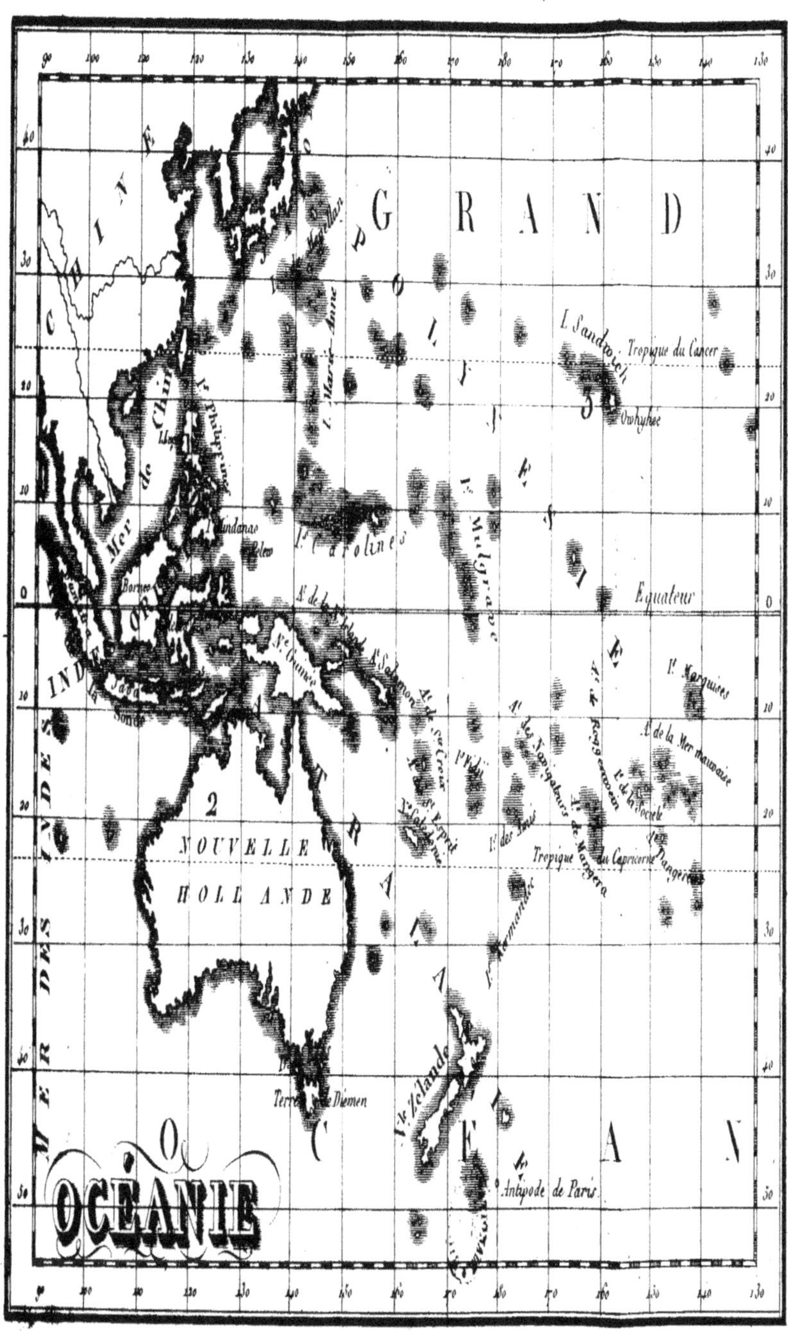

OCÉANIE
GRAND
OCÉAN
POLYNÉSIE
CHINE
Mer de Chine
MER DES INDES
NOUVELLE
HOLLANDE
I. Philippines
Mindanao
Palew
Bornéo
Mer des Indes
la Sonde
Java
I. Carolines
N.le Guinée
I. Mulgrave
I. Sandwich
Tropique du Cancer
Owhyhee
Équateur
I. Marquises
A.es de la Mer mauvaise
I. de la Société
I. des Navigateurs
I. des Amis
Tropique du Capricorne
N.le Zélande
Terre de Diemen
Antipode de Paris
I. Salomon
N.le Bretagne

Homme et femme de l'île Luçon, Indes orient.ᵉˢ

au Nouveau-Monde par la Patagonie, située à l'extrémité S. de l'Amérique. Il vous reste maintenant
à visiter la cinquième partie du monde, nommée
Océanie, et composée d'un grand nombre d'îles que
séparent de longs intervalles de mers.

Cette cinquième partie du monde se trouve cir-
conscrite dans une ligne courbe, qui s'étend depuis
la pointe de l'île de Sumatra à la dernière des îles
des Larrons ou de Marie-Anne, au N., à l'E. vers
l'Archipel Dangereux, et au S., à la Nouvelle-Zélande. Nous parcourerons rapidement toutes ces
îles, dont nous observerons cependant le climat
et les diverses productions; mais nous commen-
cerons auparavant par reconnaître la division de
l'Océanie.

LA GOUVERNANTE OU LE RÉPÉTITEUR.

N° 1. Veuillez nous faire connaître la division
de cette cinquième partie du monde.

— L'Océanie se divise en trois parties principales, savoir : l'Océanie propre, l'Australasie, et
la Polynésie.

N° 2. Quelles sont les îles de l'Océanie ?

—L'Océanie, ou Archipel-Austral, comprend les îles de Sumatra, Java, Bornéo, les Philippines, Célèbes, les Moluques, et les îles Timoriennes.

N° 3. Quelles sont les îles de l'Australasie ?

— Ce sont la Nouvelle-Hollande et les îles qui l'avoisinent à l'E. depuis celle des Papous jusques et compris la Nouvelle-Zélande.

N° 4. Quelles sont les îles de la Polynésie ?

— La Polynésie renferme toutes les îles éparses du N.-O. au S.-E., depuis la côte du Japon jusqu'au 128ᵉ degré de longitude occidentale, parmi lesquelles on compte les îles Pelew, celles des Larrons, les îles Carolines, les Mulgraves, les îles Sandwichs ou d'Owhyhée, des Navigateurs, la Nouvelle Calédonie, l'île des Amis ou d'Othaïti, les îles Marquises, et l'Archipel Dangereux.

N° 2. Faites-nous connaître Sumatra.

— Cette île, découverte au ixᵉ siècle par les Arabes, n'a été fréquentée des Européens qu'au xvᵉ siècle; elle peut avoir 240 lieues de long sur 150 de large. L'île de Sumatra renferme plusieurs royaumes qui sont ceux d'Achem, de Ben-Coulen, et de

3

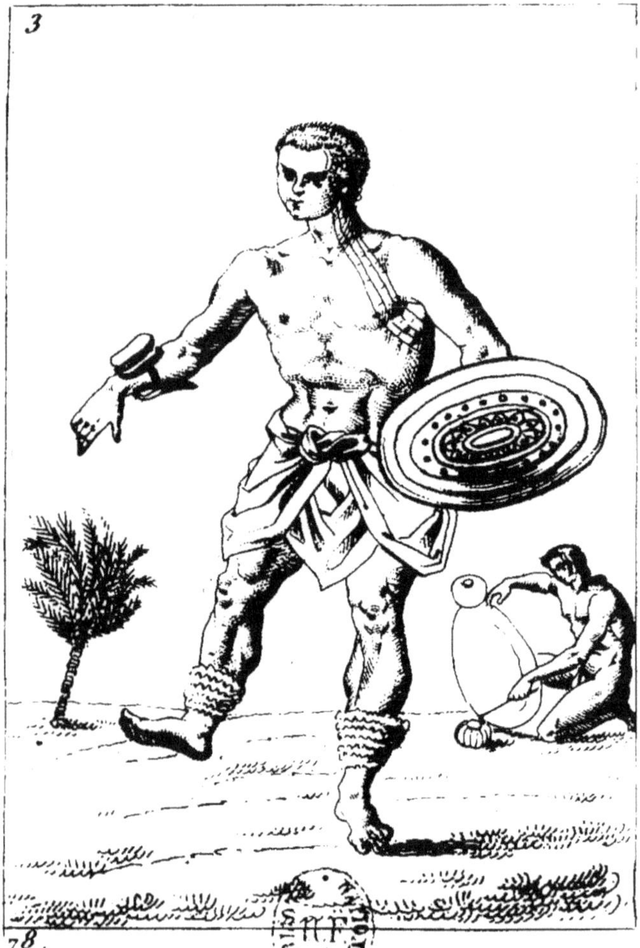

Danseur et musicien des îles Sandwich dans la
Polynésie.

78.

Palembang ; ce dernier est sous la tutelle des Hollandais. Le climat de cette île est malsain ; la chaleur et l'humidité rendent sa végétation forte et riche ; on y trouve, outre du riz et des fruits excellents, des épices, du camphre, le palmier et l'arbre à pain. Parmi les animaux on y rencontre des éléphants, l'hippopotame, de grands lézards, et les plus beaux faisans du monde. Les naturels sont divisés en deux classes nommées Gougous et Rejans ; les premiers ressemblent aux singes nommés orang-outangs ; les seconds, petits et bien faits, ont plus d'intelligence. Une troisième race d'hommes, nommés Malais, habitent les forêts ; ils construisent leurs maisons sur des pieux élevés et y montent au moyen d'une échelle.

N° 5. Faites-nous connaître Java et Bornéo.

— L'île de Java, située au S.-E. de la précédente, a 172 lieues de long sur environ 25 de large ; elle se divise en plusieurs royaumes, qui sont ceux de Batam, de Mantarem, et de Chéribon. Batavia, ville très considérable, mais fort malsaine, est l'ancienne capitale du royaume de Jacatra, et le chef-lieu des possessions hollandaises dans l'Océanie ; elle est aussi le rendez-vous des Européens que le commerce attire dans ces parages.

Les naturels de Java ont le teint jaune, les cheveux noirs et le nez écrasé. On trouve aussi dans ce pays beaucoup de Chinois. Les productions y sont à peu près les mêmes que celles de Sumatra.

Bornéo est une île peu connue ; la férocité de ses habitants et l'insalubrité du climat en éloignent les étrangers. Les Hollandais y ont cependant un établissement nommé Benjarmassen. Bornéo, capitale de l'île, était la résidence d'un souverain qui prenait le titre de Sultan.

N° 6. Faites-nous connaître les îles Célèbes et les Philippines.

— La plus considérable des îles appelées par Magellan Célèbi offre des points de vue pittoresques et magnifiques ; elle n'a point d'animaux féroces, mais on y trouve des daims, des sangliers, des bois précieux, et le lupas, redoutable poison dont les naturels se servent pour empoisonner leurs flèches.

Les îles Philippines, dont la plus considérable est Luçon, ont été découvertes en 1521 par

Magellan, qui y fut tué. Les naturels se nomment Tagals : leur caractère est doux.

N° 7. Faites-nous connaître les Moluques, et les îles Timoriennes?

Les Moluques, ou îles aux Épices, sont divisées en grandes et en petites ; les Hollandais dont elles dépendent en partie y font un grand commerce ; Emboine est, après Batavia, leur principale possession dans l'Océanie. Ces îles produisent, outre du poivre, du girofle, du camphre, du riz et d'excellents fruits ; on y trouve aussi des oiseaux d'une beauté extraordinaire, et le serpent boa, qui a quelquefois trente pieds de long ; cet animal avale des daims tout entiers. Les îles Timoriennes, au S. des précédentes, contiennent Timor, Flores, et Solor aux Hollandais, qui en retirent un grand nombre d'épices, principal objet de leur commerce dans ces pays.

———

# AUSTRALASIE.



N° 3. Faites-nous connaître la Nouvelle-Guinée, dans l'Australasie?

— La Nouvelle-Guinée, ou terre des Papous, est située entre l'équateur et le dixième degré de latitude S. ; elle est peu connue des Européens; ses rivages produisent des cocotiers, et l'on y voit voltiger des oiseaux de paradis, dont les belles plumes servent d'ornement aux dames. Les naturels de cette île sont féroces et d'un aspect hideux ; quelques uns d'entre eux logent sur des arbres, où ils établissent une espèce de cabane; ils y montent à l'aide d'un pieu garni de crans.

N° 4. Faites-nous connaître la Nouvelle-Hollande ?

La Nouvelle-Hollande, située au S.-E. de l'Asie, est assez grande pour qu'on lui donne le nom de continent; elle a environ mille lieues de long, sur huit cents de large. Ce fut le navigateur Hartings, Hollandais, qui la découvrit en 1616;

Sauvage de la N.^elle Hollande.

plusieurs nations l'ont visitée depuis, mais surtout les Anglais qui y ont fondé d'abord à Botany-Bay, ensuite à Sydney-Cow, plus au midi et près du port Jeckion, un établissement où ils envoient leurs criminels. Ces criminels deviennent dans ce lieu d'exil des hommes tranquilles, honnêtes et laborieux, et montrent le triomphe que peuvent obtenir les lois et de sages institutions sur le vice et la dépravation. Les naturels de la Nouvelle-Hollande paraissent différer entre eux ; ils sont en général fort laids, et les ornements dont ils se servent ajoutent encore à leur horrible aspect ; ils vivent pêle-mêle, sous des huttes en forme de four ; mais leur langue est expressive et agréable. C'est dans la Nouvelle-Hollande qu'on trouve le cygne noir et le casoar ; l'intérieur de l'île est supposé stérile et couvert de sables.

N° 5. Faites-nous connaître la terre de Diemen, et la Nouvelle-Zélande.

La terre de Diemen, au S. de la Nouvelle-Hollande dont elle est séparée par le détroit de Bass, appartient aux Anglais ; sa capitale est Hobarttown. La Nouvelle-Zélande au S.-E. se compose de deux îles séparées par le détroit de Cook ; elle fut découverte, en 1642, par le navigateur Tasman. Les habitants de la Nouvelle - Zélande sont anthropophages ; les productions particulières de cette île sont une espèce de lin dont la filasse est plus belle que la soie, et qu'on n'a point encore pu acclimater en Europe ; plus une sorte de fougère dont on retire une espèce de sagou. On ne trouve point de quadrupèdes dans cette île, excepté des chiens-renards et des rats.

---

# POLYNÉSIE.

### LA GOUVERNANTE OU LE RÉPÉTITEUR.

N° 1. Faites-nous connaître quelques unes des îles de la Polynésie septentrionale. — Parmi les îles que l'on peut diviser en cinq groupes principaux, on rencontre 1°, à l'E. des Philippines, les îles Pelew habitées par un peuple doux et humain, soumis à un roi.

2° Les îles des Larrons ou de Marie-Anne, au

N.-E., habitées par un peuple fort habile dans la construction des barques.

3° Les Carolines, soumises à un roi, ont une nombreuse population.

4° Les Mulgraves, jointes aux précédentes par l'île des Pêcheurs, se composent de petites îles peu connues.

5° Les îles Sandwich, au nombre de quatorze, furent découvertes par le célèbre Cook qui y fut tué : le climat de ces îles est agréable ; leurs habitants, de couleur cuivrée, se livrent à certaines pratiques religieuses ; leur souverain peut avoir plusieurs femmes ; il s'adonne au commerce ; et Owyhée, la plus grande des îles Sandwich, paraît devoir être un jour le centre de la civilisation dans la Polynésie.

N° 2. Continuez de nous faire connaître les îles de la Polynésie méridionale. — Ces îles sont très nombreuses ; je me bornerai à vous parler, 1° de la Nouvelle-Calédonie, peu connue ; 2° des îles des Navigateurs, ainsi nommées à cause de l'adresse de leurs habitants à construire et à manier des pirogues ; elles sont fertiles et bien peuplées ; les principales sont Monna, où furent massacrés les compagnons de l'infortuné Lapérouse, et Oyolava, où il découvrit le plus grand village de la Polynésie.

N° 3. Faites-nous connaître les autres îles de la Polynésie méridionale. — En quittant les îles des Navigateurs, on rencontre au sud 1° les îles des Amis, que le capitaine Cook a ainsi nommées en reconnaissance des bons traitements qu'il y reçut des insulaires ; elles sont fertiles et agréables.

2° Les îles de la Société ou d'Othaïti, découvertes en 1768 par Bougainville, et célèbres par la beauté de leurs climats, la richesse de leurs productions, et par la bonté de leurs habitants, qui sont divisés en 3 classes, et soumis à un roi. Les hommes de ces îles sont grands et beaux, les femmes agréables ; leur langue est douce et harmonieuse. Tous reconnaissent un Dieu suprême ; ils l'honorent dans des temples nommés Morraï.

3° Enfin on trouve à l'est et au nord-est des îles de la Société l'Archipel Dangereux, renfermant plusieurs îles visitées par divers navigateurs ; et la petite île de Pâques, dernière limite de l'Océanie, et celle qui se rapproche le plus des côtes du Chili. Les habitants de cette île sont actifs et laborieux ; ils cultivent le mûrier, le bananier, des patates, et des ignames.

FIN DE LA SECONDE PARTIE.

# NOMS

## DES VINGT-DEUX CANTONS

COMPOSANT

**LA CONFÉDÉRATION SUISSE,**

*avec leurs Capitales.*

———

| CANTONS. | CAPITALES. |
| --- | --- |
| Bâle. | Bâle. |
| Soleure. | Soleure. |
| Berne | Berne. |
| Fribourg. | Fribourg. |
| Lucerne. | Lucerne. |
| Zurich. | Zurich. |
| Argovie. | Arau. |
| Schaffhouse. | Schaffhouse. |
| Turgovie. | Frawenfeld. |
| Appenzel | Appenzel. |
| Saint-Gall. | Saint-Gall. |

| CANTONS. | CAPITALES. |
| --- | --- |
| Schwitz. | Schwitz. |
| Zug. | Zug. |
| Underwald. | Stanz. |
| Uri. | Altorf. |
| Glaris. | Glaris. |
| Grisons. | Coire. |
| Tésin. | Bellinzona. |
| Valais. | Sion. |
| Genève. | Genève. |
| Vaud. | Lausanne. |
| Neufchâtel. | Neufchâtel. |

*Nota.* Les six premiers cantons sont alternativement directoriaux.

# ÉTATS

COMPOSANT

## LA CONFÉDÉRATION GERMANIQUE,

ET LEURS VOTES

### A LA DIÈTE GÉNÉRALE.

| ÉTATS. | VOTES. |
|---|---|
| États prussiens. | 4. |
| Saxe ( royaume ) | 4. |
| Hanovre. | 4. |
| Hesse-Cassel. | 3. |
| Holstein. | 3. |
| Luxembourg. | 3. |
| Brunswick-Wolfenbutel. | 2. |
| Nassau. | 2. |
| Mecklenbourg-Schwerin. | 2. |
| ——————Strelitz. | 1. |
| Saxe-Weimar. | 1. |
| — Gotha. | 1. |

| ÉTATS. | VOTES. |
|---|---|
| Saxe-Cobourg. | 1. |
| — Meinungen. | 1. |
| — Hildburghausen. | 1. |
| Anhalt-Dessau. | 1. |
| — Bernbourg. | 1. |
| — Kœthen. | 1. |
| Waldeck. | 1. |
| Schwartzbourg-Sondershausen. | 1. |
| — Rudolstald. | 1. |
| Reuss-Greitz. | 1. |
| — Lobenstein. | 1. |
| Lippe-Schaumbourg. | 1. |
| — Detmold. | 1 |
| Lubeck. | 1. |
| Hambourg. | 1. |
| Brême. | 1. |
| Francfort. | 1. |
| États autrichiens. | 4. |
| Bavière. | 4. |
| Wurtemberg. | 4. |
| Bade. | 3. |
| Hesse-Darmstadt. | 3. |

| ÉTATS. | VOT... |
|---|---|
| Homenzollern-Hechingen. . . . . . . . . . . | 1. |
| ——————— Sigmaringen. . . . . . . . . | 1. |
| Sichtenstein. . . . . . . . . . . . . . . . . | 1. |

# NOMS

## DES VINGT-QUATRE PROVINCES

QUI COMPOSENT

### les Etats-Unis

### DE L'AMÉRIQUE SEPTENTRIONALE,

avec leurs Capitales.

———

| ÉTATS. | CAPITALES. |
| --- | --- |
| Le Maine. | Portland. |
| New-Hamsphire. | Concord. |
| Vermont. | Montpellier. |
| Massachussets. | Boston. |
| Rhode-Island. | Providence. |
| Connecticut. | Hartford. |
| New-Yorck. | Albany. |
| New-Jersey. | Trenton. |
| Pensylvanie. | Harrisbourg. |

| ÉTATS. | CAPITALES. |
| --- | --- |
| Delaware. | Douvres. |
| Maryland. | Annapolis. |
| Virginie. | Richmond. |
| Caroline-du-Nord. | Raleigh. |
| Caroline-du-Sud. | Columbia. |
| Géorgie. | Milledgeville. |
| Ohio. | Columbus. |
| Indiana. | Indianapolis. |
| Illinois. | Kaskaskia. |
| Kentucky. | Frankfort. |
| Tenessée. | Murfreeshburg. |
| Alabama. | Cahawba. |
| Mississipi. | Monticello. |
| Missouri. | Jefferson. |
| Louisiane. | Nouvelle-Orléans. |

**TERRITOIRES NON RECONNUS POUR ÉTATS.**

| | |
| --- | --- |
| District de Colnmbia. | Washington. |
| Michigan. | Détroit. |
| Arkansas. | Arkopolis. |
| Territ. du Nord-Ouest. | Inconnue. |
| Florides. | Saint-Augustin. |

*Temps*

*du*

# LEVER ET DU COUCHER

## du Soleil,

aux plus longs jours de l'année, dans les principales Villes de la terre.

---

| LIEUX. | RÉGIONS. | LEVER du SOLEIL. | COUCHER du SOLEIL. |
|---|---|---|---|

**A.**

| LIEUX. | RÉGIONS. | h. m. | h. m. |
|---|---|---|---|
| Agra. . . . . . . . . | Mogol . . . . . | 5 7 | 6 53 |
| Alep. , . . : . . . | Turquie . . . . | 4 44 | 7 16 |
| Alger. . . . . . . . | Barbarie. . . . | 4 45 | 7 15 |
| Alexandrie . . . . . | Égypte. . . . . | 4 56 | 7 4 |
| Amsterdam. . . . . | Pays-Bas. . . . | 3 58 | 8 22 |
| Anvers . . . . . . . | *Id.* . . . . . . | 3 45 | 8 15 |
| Amiens. . . . . . . | France. . . . . | 3 51 | 8 9 |

| LIEUX. | RÉGIONS. | LEVER du SOLEIL. | COUCHER du SOLEIL. |
|---|---|---|---|
|  |  | h. m. | h. m. |
| **B.** |  |  |  |
| Bagdad. . . . . . . . | Turquie asiatiq. | 4 54 | 7 6 |
| Bâle. . . . . . . . . | Suisse. . . . . . | 4 4 | 7 59 |
| Barcelone. . . . . . | Espagne. . . . . | 4 26 | 7 34 |
| Batavia. . . . . . . | Indes orient. . . | 5 50 | 6 10 |
| Berghen. . . . . . . | Norwège. . . . | 2 58 | 9 22 |
| Berlin. . . . . . . | Prusse. . . . . | 3 37 | 8 23 |
| Bologne. . . . . : . | Italie. . . . . . | 4 16 | 7 44 |
| Breslow. . . . . . . | Allemagne. . . | 3 46 | 8 14 |
| Bruxelles. . . . . . | Hollande. . . . | 3 47 | 8 13 |
| Bordeaux. . . . . . | France. . . . . | 4 15 | 7 45 |
| Buenos-Ayres. . . . | Amérique du S. | 4 47 | 7 13 |
| **C.** |  |  |  |
| Cadix. . . . . . . . | Espagne . . . . | 4 42 | 7 18 |
| Le Caire. . . . . . | Égypte. . . . . | 5 0 | 7 0 |
| Candie. . . . . . . | Ile de Candie. . | 4 45 | 7 15 |
| Cap-de-Bonne-Espér. | Afrique . . . . | 4 49 | 6 11 |

| LIEUX. | RÉGIONS. | LVER du SOLEIL. | COUCHER du SOLEIL. |
|---|---|---|---|
| | | h. m. | h. m. |
| Cap-Français. . . . | Amérique . ! . | 4 52 | 6 58 |
| Cap-Vert. . . . . . | Afrique . . . . | 5 59 | 5 52 |
| Cartagène. . . . . . | Amérique . . . | 5 40 | 6 20 |
| Cayenne . . . . . . | Amérique . . . | 5 49 | 6 11 |
| Cologne . . . . . · | Allemagne. . . | 5 46 | 8 14 |
| Constantinople. . . | Turquie . . . . | 4 28 | 7 52 |
| Copenhague . . . . | Danemarck. . . | 5 16 | 8 44 |
| Cracovie . . . . . . | Cologne . . . ; | 5 50 | 8 10 |

## D.

| LIEUX. | RÉGIONS. | LVER du SOLEIL. | COUCHER du SOLEIL. |
|---|---|---|---|
| Damas. . . . . . . | Turquie asiat. . | 4 54 | 7 6 |
| Dantzick. . . . . . | Pologne . . . . | 5 26 | 8 54 |
| Delhi. . , . . . . . | Mogol . . . . : | 5 5 | 6 57 |
| Dresde. . . . . . . | Allemagne. . . | 5 45 | 8 15 |
| Dublin . . . . . . . | Irlande. . . . . | 5 58 | 8 22 |
| Dieppe. . . . . . . | France. . . . . | 5 51 | 8 9 |
| Dijon. . . . . . . . | *Id.* . . . . . . | 4 4 | 7 56 |
| Dunkerque. . . . . | *Id.* . . . . . . . | 5 46 | 8 14 |

| LIEUX. | RÉGIONS. | LEVER du SOLEIL. | COUCHER du SOLEIL. |
|---|---|---|---|
| | | h. m. | h. m. |
| **E.** | | | |
| Edimbourg . . . . . . | Écosse . . . . . | 3 14 | 8 46 |
| Erzerum . . . . . . | Arménie . . . . | 4 31 | 7 29 |
| **F.** | | | |
| Florence . . . . . . | Italie . . . . . . | 4 19 | 7 41 |
| Francfort-s.-le Mein. | Allemagne . . . | 5 51 | 8 9 |
| **G.** | | | |
| Gênes . . . . . . . | Italie . . . . . . | 4 16 | 7 44 |
| Genève . . . . . . . | Suisse . . . . . | 4 8 | 7 52 |
| Goa . . . . . . . . | Asie-Inde . . . . | 5 30 | 6 30 |
| Grenoble . . . . . . | France . . . . . | 4 13 | 7 47 |
| **H.** | | | |
| Hambourg . . . . . | Allemagne . . . | 5 31 | 8 29 |
| Havre-de-Grace . . . | France . . . . . | 5 54 | 8 6 |

| LIEUX. | RÉGIONS. | LEVER du SOLEIL. | COUCHER du SOLEIL. |
|---|---|---|---|
| | | h. m. | h. m. |
| **I.** | | | |
| ...han | Perse | 4 55 | 7 7 |
| **J.** | | | |
| ...salem | Turquie asiatiq. | 4 55 | 7 5 |
| **K.** | | | |
| ...nton | Chine | 5 15 | 6 43 |
| ...iel | Allemagne | 5 25 | 8 55 |
| **L.** | | | |
| ...ma | Pérou. Amériq. | 5 56 | 6 24 |
| ...bonne | Portugal | 4 55 | 7 25 |
| ...dres | Angleterre | 5 45 | 8 17 |
| ...on | France | 4 10 | 7 50 |

| LIEUX. | RÉGIONS. | LEVER du SOLEIL. | COU... |
|---|---|---|---|
| | | h. m. | h. |

## M.

| | | | |
|---|---|---|---|
| Macao . . . . . . . | Chine . . . . . | 5 17 | 6 |
| Madrid. . . . . . . | Espagne . . . . | 4 30 | 7 |
| Malthe. . . . . . . | Ile de Malthe . | 4 43 | 7 |
| Manille . . . . . . | Iles Philippin. . | 5 32 | 6 |
| Martinique. . . . . | Amérique . . . | 5 31 | 6 |
| Mexico. . . . . . . | Amérique . . . | 5 21 | 6 |
| Milan. . . . . . . | Italie. . . . . . | 4 12 | 7 |
| Moscou. . . . . . . | Russie. . . . . | 5 19 | 8 |
| Munich. . . . . . . | Allemagne. . . | 4 1 | 7 |
| Marseille. . . . . . | France. . . . . | 4 20 | 7 |
| Montpellier. . . . . | *Id.* . . . . . . . | 4 19 | 7 |

## N.

| | | | |
|---|---|---|---|
| Nankin. . . . . . . | Chine. . . . . . | 4 55 | 7 |
| Nantes . . . . . . . | France. . . . . | 4 4 | 7 |
| Naples. . . . . . . | Italie. . . . . . | 4 29 | 7 |
| Nimes. . . . . . . | France. . . . . | 4 19 | 7 |

| LIEUX. | RÉGIONS. | LEVER du SOLEIL. | COUCHER du SOLEIL. |
|---|---|---|---|
| | | h. m. | h. m. |
| **O.** | | | |
| …ndre | Brésil | 5 43 | 6 17 |
| **P.** | | | |
| …erme | Italie | 4 56 | 7 24 |
| …me | Italie | 4 14 | 7 46 |
| …kin | Chine | 4 51 | 7 29 |
| …tersbourg | Russie | 2 38 | 9 22 |
| …ndichéri | Inde | 5 37 | 6 23 |
| …ris | France | 5 57 | 8 5 |
| **Q.** | | | |
| …uébec | Amérique | 4 5 | 7 55 |
| …uito | Amérique | 6 0 | 6 0 |
| **R.** | | | |
| …uen | France | 5 54 | 8 9 |

| LIEUX. | RÉGIONS. | LEVER du SOLEIL | | COUCHER du SOLEIL |
|---|---|---|---|---|
| | | h. | m. | h. |
| Ratisbonne. . . . . | Allemagne. . . | 5 | 56 | 8 |
| Rome. . . . . . . . | Italie. . . . . . | 4 | 25 | 7 |
| Reims. . . . . . . | France. . . . . | 5 | 55 | 8 |

## S.

| | | | | |
|---|---|---|---|---|
| Saint-Quentin. . . | France. . . . . | 5 | 51 | 8 |
| Sarragosse. . . . . | Espagne . . . . | 4 | 25 | 7 5 |
| Siam . . . . . . . | Asie . . . . . . | 5 | 32 | 6 2 |
| Smyrne. . . . . . | Turquie Asiat. | 4 | 56 | 7 2 |
| Stockolm. . . . . | Suède . . . . . | 2 | 45 | 9 4 |

## T.

| | | | | |
|---|---|---|---|---|
| Tripoli. . . . . . . | Barbarie. . . . | 4 | 52 | 7 |
| Tolède. . . . . . . | Espagne . . . . | 4 | 51 | 7 28 |
| Tunis. . . . . . . | Barbarie. . . . | 4 | 42 | 7 48 |
| Turin. . . . . . . | Italie. . . . . . | 4 | 13 | 7 47 |

| LIEUX. | RÉGIONS. | LEVER du SOLEIL. | COUCHER du SOLEIL. |
|---|---|---|---|
| | | h. m. | h. m. |
| **V.** | | | |
| **Warsovie.** . . . . . | Pologne. . . . . | 5 39 | 8 21 |
| **Venise** . . . . . . . | Italie. . . . . . | 4 48 | 7 12 |
| **Vienne.** . . . . . . | Allemagne. . . | 4 0 | 8 0 |
| **Versailles.** . . . . . | France. . . . . | 5 57 | 8 5 |
| **Y.** | | | |
| **Yedo.** . . . . . . . | Japon . . . . . | 4 44 | 7 16 |
| **Z.** | | | |
| **Zurich** . . . . . . . | Suisse . . . . . | 4 5 | 7 57 |

## FIN.

# TABLE

## DES MATIÈRES

CONTENUES

**DANS LES DEUX PARTIES DE CET OUVRAGE.**

## Première partie.

# PREMIER VOYAGE.

# DEUXIÈME VOYAGE.

# Seconde partie.

## TROISIÈME VOYAGE.

## QUATRIÈME VOYAGE.

# CINQUIÈME VOYAGE.



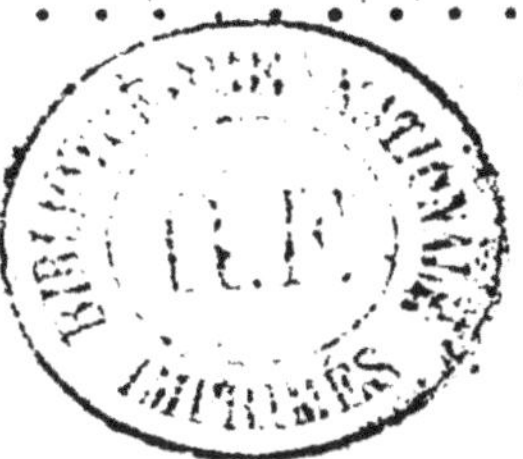


FIN DE LA TABLE.